교양영어
고급지문
II

교양영어 고급지문 II

초판 2쇄 발행 | 2022년 4월 1일

편 저 자 | 김정호 (Tommy Kim)
펴 낸 곳 | (주)바른영어사
주   소 | 경기도 성남시 분당구 느티로 16, 907호
등록번호 | 제2020-000136호
대표전화 | (02)817-8088 | 팩 스 (031)718-0580
홈페이지 | www.properenglish.co.kr
감   수 | N.Buchan
인   쇄 | 필커뮤니케이션

이 책의 무단 전재 또는 복제행위는 저작권법 제97조의5에 의거, 5년 이하의 징역 또는 5,000만원의 벌금에 처하거나 이를 병과할 수 있습니다.

ISBN : 979-11-85719-28-3
정가 18,900원

· 이 책에 실린 모든 내용에 대한 저작권은 바른영어사에 있으므로 함부로 복사·복제할 경우 형사처벌을 받습니다.
· 파본은 교환 환불해 드립니다.

· 이 도서의 국립중앙도서관 출판예정도서목록(CIP)은 서지정보유통지원시스템 홈페이지 (http://seoji.nl.go.kr)와 국가자료종합목록 구축시스템 (http://kolis-net.nl.go.kr)에서 이용하실 수 있습니다.
   (CIP제어번호 : CIP2019050772)

바른영어훈련소
미샘 원서 독해 시리즈 ❷

고급 구문 구조
내 것으로 만들기

교양영어
고급지문
II

100 *the original*

교양있는 원어민들이 읽는 책에서 발췌

각종 시험에 출제되는 영어 지문의 주요 출처

문어체의 우수 구조 연습 제공

시리즈로 이어집니다

MP3 듣기
파일 제공

머리말

책이라는 것, 혹은 문서나 글이라는 것은 도무지 끝이 없을 것 같은 양으로 세상에 존재합니다. 다시 말하면, 인간의 지혜나 성찰에 대한 기록은 한 사람이 태어나 죽을때까지 읽어도 도무지 그 만분의 일이라도 공감했을까 하는 의구심이 남을 정도입니다. 우리의 모국어로 된 지식과 지혜의 기록들도 넘치고 넘칠 정도로 존재합니다. 재외동포까지 합쳐서 한글로 의사소통을 하는 사람들은 약 8천 만 명 정도로 볼 수 있습니다. 과거의 기록들과 함께 현재 한국어로 만들어지는 정보의 양도 어마어마할 수 있습니다. 언젠가 한국어가 국제적 지위를 크게 얻는다면, 그 위상이 달라질 날도 오지 않을까 하는 즐거운 상상을 해 봅니다.

그러면, 영어는 과연 어떨까요. 북미 2개국, 유럽 2개국, 오세아니아 2개국은 영어를 모국어로 사용합니다. 그 밖에 아프리카, 아시아, 인도 등지에서도 영어를 준 모국어로 사용하는 국가들이 많습니다. 한 단계 더 내려와서 영어를 의사소통 언어로 취급하는 국가들을 망라하면, 우리나라를 포함하는 약 100 개 국가가 존재합니다. 사용자수의 관점에서 보면, 모국어 및 적극적 사용계층이 약 7억, 소극적 사용 인구까지 합치면 약 10억이 영어를 정보소통의 직, 간접적 수단으로 삼고 있습니다.

단순 사용자 수의 관점에서 보면 중국어, 스페인어도 무시할 수 없지만 이들 국가의 언어는 국제공용어로 취급되지 않습니다. 세계사의 흐름에서 국제적 영향력을 얻을 기회를 얻지 못한 것입니다. 게다가 중국어는 실제로 지역별 변화편차가 굉장히 커서 하나의 중국어로 전체 중국 지역을 아우르는 것이 매우 어렵다고 평가됩니다.

영어가 한국인의 소통수단에서 명실 공히 제 2 모국어의 수준까지 자리 잡기에는 아직도 의견의 통일 및 제도적 보완이라는 문제가 존재합니다. 그래서 작금에도 우리의 생활에서 영어, 영어교육, 영어시험, 생활영어, 입시영어, 공무원영어, 편입영어, 유학영어, 이민영어, 입국심사영어, 관광영어, 등등을 포함한 수많은 영어 관련 키워드 들이 검색대상에 오르고 있습니다.

간단한 의사소통용 영어는 사실, 공개된 소스를 통해서 얼마든지 습득이 가능하고 노력 여하에 따라서 그 수준을 꽤 끌어 올릴 수 있습니다. 그런데 영어에 대한 정밀한 지식이 필요한 수준 높은 지적 기록물들은, 매우 진지한 노력이 없이는 그저 외계어(?)일 뿐입니다. 여러분들이 영상매체에서 얻은 몇 마디 표현들을 쓰고 이해한다해도, 어쩌면, 만 개의 감정코드와 십 만 개의 지식코드가 필요한 기록들을 저작자와 같은 수준으로 이해하고 그 수확물을 같은 정도의 기쁨으로 공유하기 위해서는 결단코, 글 읽기를 무시해서는 안 됩니다.

영어로 된 글을 읽을 때, 우리는 영어라는 언어 자체는 배제하고 일단 내용에 치중하는 경향이 있습니다. 그래서 늘 뒤의 해석판이나 번역본을 먼저 보고 내용을 요약한 후 영어자체는 이제 뒤로 미루어 놓기도 합니다. 이런 일반인들의 지적 나태나 한계를 이용해서 태어난 것이 번역활동입니다. 전문 번역가들이 한국어로 가장 알기 쉽게 영문을 옮겨 놓으면 여러분은 그저 숟가락 젓가락을 들고 그것을 음미하는 것입니다. 그런데 이제, 세상은 바뀌고 있습니다. 번역이라는 간접적 과정을 기다려서 정보를 얻어야만 한다면, 여러분은 지적 경쟁에서 결국 뒤처지게 되고 스스로도 한계에

갇히고 말 것입니다.

또 하나, 존재하는 영문의 한국판 번역서들이 가진 맹점이 여러분을 오도할 가능성도 있습니다. 번역은 만인이 보아도 동일하게 이해되도록 의미를 객관화해야 합니다. 그러다보니 필연적으로 의역을 많이 사용하게 됩니다. 예를 들어, "Even Homer sometimes nods." 라는 글을 한국어로 번역한다면 누군가는 "때때로 호머도 조느라고 고개를 끄덕인다." 라고 할 수 있습니다. 그런데 이것은, 한국어 사용자 만인이 동일한 이해의 정도와 속도를 갖게 되는 번역이 아닐 것입니다. 또 다른 번역자가 "원숭이도 나무에서 떨어질 때도 있다." 라고 의역을 한다면 아마 금방 이해가 될 것입니다. 그렇다면 후자가 이상적인 번역일까요? 그렇지 않습니다. 문화권에 따른 배경지식을 깡그리 무시하고 최종적인 의도만을 전달하려 한다면 후자의 번역이 더 나을 수도 있습니다. 그러나, 이렇게 의역으로만 글을 읽은 사람은 영어에서 Homer 와 관련된 정보를 하나도 얻지 못한 채 그저 남들이 떠먹여 주는 밥을 먹었을 뿐입니다.

호머(Homer)는 호메로스(Homeros)의 영어식 표기입니다. 이 사람은 서양문화의 근간을 이루고 있는 두 문학작품, 일리아스(Ilias)와 오딧세이아(Odysseia)의 저자로 추정되는 그리스 인물입니다. 일리아스는 트로이 전쟁을 다룬, 1만 6천 행으로 이루어진 방대한 지적유산(intellectual legacy)입니다. 그것을 만약 구송시인 즉, 리라(lyre)라는 악기에 의존하여 노래의 형태로 시를 읊는 사람이 부른다면 상상할 수 없을 정도의 뛰어난 기억력이 있어야 할 것입니다. 여러분 자신이 가사를 완벽히 암기하고 있는 노래가 몇 곡 정도 되며 그 가사의 총 길이가 얼마나 되는지 가늠해 보면, 이 엄청난 업적을 이루어 낸 사람이 과연 어떤 인물이었을까 상상이 되실 것입니다.

여기서, '고개를 끄덕이다' 에 해당하는 'nod' 는 학자나 성실한 사람이 졸면서 고개를 끄덕인다 라는 의미로 사용되었고 보통 불성실한 사람들이 연구나 공부를 할 때 그 상징으로 사용되는 말이었습니다. 위의 영어 문장을 만약 '심지어 호머같은 위대한 학자시인도 때로 고개를 끄덕이며 존다' 라고 번역하고 그 아래 호머에 대한 역주를 달았으면, 그것이 이상적인 번역문들 중 하나일 수 있을 것입니다.

우리는 단순한 번역서를 읽는 것을 목적으로 하지 않습니다. 저는, 여러분이 이 책을 통해서, 영어의 각 문장들이 한국어의 어떤 내용과 구조로 이해되는 것이 가장 합당한가에 대한 비교분석을 하고 그 결과로서, 이 책에 담긴 내용이상의 소득을 얻기 바랍니다. 번역은 객관화의 과정이지만 해석은 지극히 개인적이고 주관적 경험입니다. 그 경계선인 의역과 직역의 접합점이 무너지지 않으려면 늘 절묘한 균형이 필요합니다. 그것은 어휘와, 지식, 그리고 표현 능력을 모두 고도로 요구하는 과업입니다.

여러분 스스로의 번역서를 새로 만들고 고급지문의 표현방식을 내 것으로 소화하기 바랍니다. 저는, 여러분의 노력이 그에 합당한 결과와 지적 경쟁력을 가져다주길, 바랍니다.

김정호 씀.

이 책의 활용법

제목과 핵심 키워드로 지문 미리보기!

각종 시험에 정답으로 출제될만한 (심지어 출제됐었던) 지문의 제목과 핵심 키워드를 먼저 확인하세요! 제목과 핵심 키워드를 알면, 더 올바른 해석을 할 수 있습니다. 특히 본 도서에 나온 키워드와 제목은 각종 영어 시험에 '소재' 로써 빈번하게 출제되니, 꼭 기억하세요!

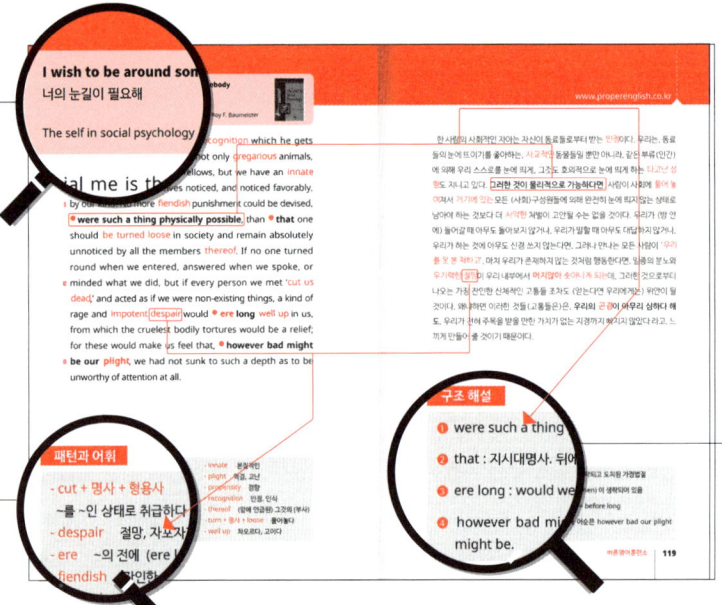

패턴과 어휘는 필수!

독해를 하다가 파란색 어휘가 나온다면, 잠시 멈춰서 아래쪽 [패턴과 어휘]에 집중해 주세요!
꼭 알고 넘어가야할, 어렵거나 중요한 패턴과 어휘를 설명 하였습니다.
영어지문에 표시된 어휘 및 패턴은, 한글지문의 해석 부분에도 파란색으로 표시 되어있습니다. 파란색 어휘를 따라가다보면, 해석이 더 쉽고 빨라집니다.

어려운 문장구조도 명쾌하게!

독해를 하다가 굵은 글씨가 나온다면, 집중하세요! 어렵거나 자칫하면 혼동하기 쉬운 문장 구조입니다! 이러한 어려운 구조에 대한 힌트는 오른쪽 [구조 해설] 파트에 간략히 설명되어 있습니다. 책에 있는 간략한 설명으로 이해하기 힘들다면, 반드시 [바른영어훈련소]에서 해당 부분의 강의를 들어주세요! 완벽한 해설을 하고 있습니다.
영어지문에 표시된 [구조 해설]의 굵은 글씨 문장은, 한글 지문의 해석 부분에도 굵은 글씨로 표시 되었습니다. 올바른 해석의 이정표가 될 것입니다.

학습 전에 미리 알면 쉬워지는 **원서독해 팁**

❗ 긴 문장에 당황하지 말고, 콤마(쉼표)에 유의하며 읽어 보세요!

한글과 마찬가지로 영어에서도 콤마(쉼표)는 "의미 단위를 나누는" 중요한 역할을 합니다. 콤마는 우리가 일반적으로 알고 있는 "나열" 기능 뿐만 아니라, 문장 내에서 새로운 "절" 이 등장하거나, "부가적인 정보" 등이 나올 때도 사용되기 때문에, "이정표" 역할을 합니다. 따라서, 콤마가 나오면 긴장을 풀고 쉬어가며 읽을 것을 권고합니다.

❶ 본 도서에서는 한글과 영어 지문을 비교하며 해석하기 쉽도록, 영어 지문의 콤마(쉼표)를 대부분 살리기 위하여 노력하였습니다. 새로운 "절" 등이 등장하는 경우 먼저 콤마에 의해 나누어진 부분을 의식하면서 해석을 따라해 보세요.

　　　　　　　　　　　　　　　　　　　　　　　　 ┌ 콤마 등장 (새로운 절 시작)
예제　The Buddha statue may seem very impressive to you, but if your son seems to be more interested in the vendor of sticky drinks, don't think the trip is a failure and your little philistine would have been better at home.
　　　　　　　　　　　　　　　　　　　　　　　　　└ 콤마 등장 (새로운 절 시작)

➡ 불상이 당신에게 아주 인상적으로 보일지도 모르지만, 만약 당신의 아들이 끈적거리는 음료를 파는 행상에게 더 관심이 있는 것 같다 해도, 그 여행이 실패한 것이고 당신의 어린 철부지가 집에 있는 편이 나았을 것이라고 생각하지 마세요.
　　　　　　　　　　　　　　　　　└ 콤마 등장 (새로운 절 시작)

❷ 본 도서에서는 '분사구문', '삽입구', '삽입절' 등 해석을 할 때, 순서가 뒤바뀔 수 있는 부분에서 한글 해석지에 콤마를 추가로 사용하였습니다.

　　　　　　　　　　　　　　　　　　　　　　　　┌ 분사구문의 등장 시 사용된 콤마
예제　When parents watch TV with their young children, explaining new words and ideas to them, the children comprehend far more than they would if they were watching alone.
　　　　　└ 새로운 절 등장 시 사용된 콤마

➡ 부모가, 새로운 말이나 개념들을 아이들에게 설명하면서, 어린 아이들과 텔레비전을 시청할 때, 그 아이들은, 혼자서 시청하게 될 때 이해하는 것보다, 훨씬 더 많이 이해한다.

❗ 콜론(:), 세미콜론(;), 엠 대쉬(—)

콜론, 세미콜론, 엠 대쉬 등이 나오면 해석할 때 어려움을 겪는 경우가 있습니다. 그러나 너무 걱정하지 마세요. 이런 부호들이 나오면 그 뒤에 오는 정보는 앞 문장의 예시, 부연, 결론을 의미하는 것입니다. 참고하세요.

❗ 이정표 활용하기!

영어 지문과 한글 지문을 비교하면서 학습하다 보면, 간혹 어디까지가 끊어 읽고, 어디까지가 하나의 의미단위로 해석해야 할지 혼동되는 경우가 있습니다. 먼저 제시된 방법들 외에도 '파란색 글씨' 나 '굵은 글씨'로 표기된 '패턴과 어휘', '구조 해설' 부분을 이정표 삼아 대조하면서 해석한다면, 정확한 해석을 찾아볼 수 있습니다.

목차

- 머리말　　　　　　　　　　　　　　　　　　　　　　　　004
- 이 책의 활용법 & 원서독해 팁　　　　　　　　　　　　　　006
- 목차　　　　　　　　　　　　　　　　　　　　　　　　　　008

001	삐뚤어진 소수가 의견을 도배할 때	The moon is not made of green cheese	014
002	그것은 연속이 아니었건만...	We see 16 frames for one second	016
003	훌륭한 결정을 내리는 무의식의 힘	Get the bigger picture	018
004	명절에 모이기 싫은 미혼들	Please go private!	022
005	성공의 일등공신 – 자신감	Build up your self confidence	024
006	의식주 충족이 긍정적 감정을 만들어냅니다	We need to be properly fed	026
007	햄릿은 세상 곳곳에서 살고 있는 캐릭터	Hamlet at the top of the Himalayan	028
008	도사리고 있는 부정부패	How not to get set up	030
009	거짓말은 공멸을 부른다	Selfish, too selfish	032
010	예술적 본능은 모든 인간의 기본 요소	We are all born artists	034
011	나는 누구일까? 나는 무엇하는 사람일까?	What are you or Who are you?	036
012	공부에서 스킬 너무 찾지 마세요	Time spent is achivement earned	038
013	성공한 부모들을 본 받아 배우세요	Like father, like son	040
014	기차의 시절이 그리워질 것입니다	Endlessly stuck are people in the cars	042
015	목표의식과 성취열망은 산삼의 백배	Goal set Superman born	044
016	게으른 무능력자는 초월주의를 가장한다	Losers tend to be nihilists	046
017	풍작은 잉여와 정착의 어머니	Life from hand to mouth leads to nowhere	048
018	때로는 요약설명이 훌륭한 학습동기를 만듭니다	Extracts can sometimes work	050
019	엄마 품이 최고였어요!	Don't take my baby away!	054
020	생물학이 변수가 아니지만...	Biology is the constant	058
021	나무와 상아와 금을 파라오에게...	What Egypt needed to import	060
022	행동문화 VS 지식문화	How to start to define culture	062

023	타인의 고통에 진실로 공감하라	Empathic response is all	066
024	우울증에 대처하는 법	How to deal with depressions	068
025	통치도 못하면서 국민의 소리도 잘 못듣는군	Listen to what people say	072
026	집밥과 비슷해요!	Homemade or Factory-made?	074
027	미합중국 대통령이 미국 태생이어야 하는가?	I'll be back as president	078
028	청중들을 세뇌하는 것은 간단한 일 일지도 모른다	To brain wash the pubilc	082
029	비전은 지도자와 추종자의 합작입니다	The vision must be a collaboration	084
030	독서는 통밥이 아니다	We need direct intervention to clarify what it means	086
031	적극적 인맥 형성은 감사에서 시작한다	Human network starts here	088
032	흙과 물은 좋은 것입니다	Children need sand and water to play with	090
033	불친절한 의사들은 싫어요!	We expect doctors to show much concern	092
034	공공의 이익이냐, 개인만의 행복이냐	Unstable equilibrium	094
035	도전이 없는 인생은 무의미하다	Life without challenges is not a true life	096
036	노동 제공과 기술 습득을 위해 떠납니다	The movement of ethnic groups	098
037	지나친 상징주의는 저급한 제작 기법일 뿐	Anybody could make it	100
038	고양이의 매력을 아시나요?	Cats can be your peaceful mates	104
039	자신의 직업을 사랑하세요	He was a born-usher	106
040	물고기는 시장에서만 구할 수 있는 것이 아니랍니다	Have you ever speared fish?	110
041	자비의 살인이 필요할 때도 있지 않나요?	Is it mercy to kill them?	112
042	영리한 개를 만나는 것은 행운입니다	It's lucky to have a clever dog	116
043	있을 때 잘하세요	The bus has long gone	118
044	이런 고객의 말에 귀를 기울이세요	He is a white-consumer	122
045	저도 비슷한 경험 있습니다	We hardly find really kind workers at hospitals	124
046	자연 좀 그냥 내버려 두세요	No more buildings please!	126
047	산지에서 한 번만 거쳐서 소비자에게 갈 수 없나요?	More farmers' makets	128
048	만들수만 있다면...	Is a real time machine possible?	130

목차

049	지금이라면 60 million dollar man? | Steve Austin	134
050	계급차별이 적어도 직업선택을 막을 순 없는 것 | There should be no barrier	138
051	남들과 함께 나누면 안되나요? | Why so greedy when there is enough?	142
052	나도 휴식이 필요해! | You need a rest before you give yourself!	146
053	우리 어머니를 묻어 주세요 | I exist everywhere in the world!	150
054	옛것은 향기가 나요 | I am happy with those old cups and saucers	156
055	밖에서 답을 찾으세요 | You could be happier out there!	162
056	공짜가 좋으시죠? | For free or do I have to pay?	164
057	물이라도 많이 마셔야 해요 | Drinking enough water can make you healthier	166
058	진짜 전문가를 알아볼 필요성 | Do I have to prove myself?	168
059	제발 받아주세요! | I am so happy and lucky to have a chance to give	172
060	설득적이고 균형잡힌 상업용 서신 | Write a letter like this	174
061	지구에서 달까지 거리를 안다구요? | What a wonderful skill!	176
062	작업환경의 개선은 실적과 연관되어 있어요 | For the more conducive work	178
063	바람직한 추론을 하기 위한 전제조건들 | Needs for proper reasoning	180
064	B도 몰라요, 13도 몰라요 | B or 13?	182
065	지피지기면 백전백승 | Even from beggars, you could learn something	184
066	기분이 기억을 좌우할 수 있다 | Your memory stands upon your moods	186
067	엄마도 인터넷에서 잘 놀 수 있어! | Mommy and daddy can join us	188
068	오염 없는 에너지는 무엇? | Nuclear energy could be the answer	190
069	맹수들은 사냥감에서 눈을 떼지 않는다 | Keep your eyes on it	194
070	독창성이 예술의 생명 | Open a new door	196
071	오늘은 단 것이 싫어요 | Sweets sometimes taste bitter	198
072	규모의 경제는 금융시장에서도 통한다 | The bigger, the better	200
073	악마의 손에 들어가지만 않는다면… | The magical metal called plutonium	202
074	온실 속에서 살 수 만은 없는 것 | Every cloud has a silver lining	204

075	한국의 언론 매체들, 건강한가요? | They seem to unhealthy	206
076	상전벽해 | A real transformation	208
077	청년은 미래지만 노인은 지혜이다 | Why waste the skillful labor forces?	212
078	올바른 회피 전략 | When and how to apply the strategy of avoidance	214
079	고전음악의 가치를 발견해보자구요 | It is worth our time	218
080	분위기 좋은 음악이면 O.K | Adjust the volume of your music to the mood	222
081	일찍 등산할 필요성 | Climbing up at dawn has many advantages	226
082	Waverley Hotel 한 번 가볼 기회 있으려나요? | O.K, I'll stay at your hotel	228
083	비비고 살 때가 좋은 줄 아세요 | I need company all the time	230
084	고통스런 감정을 승화시켜 보세요 | Don't brag about your emotions	232
085	가끔씩 틀에 박혀 있어도 돼 | Homeostasis keeps the world running	234
086	조직 내의 빠른 소통이 필요합니다 | Quick feedback is what I need	236
087	결국은 센스 있는 사람이 필요한 법 | The first words out of the mouth matter	238
088	적어도 동물들이 세상을 망가뜨리지는 않는데… | We are not special, please!	240
089	어휘는 많이 알 수록 좋은 거에요 | Yes, it surely is one of the ways	242
090	또, 말리지 않았다고 성질내면? | Experience can be better than advice	244
091	소규모 경작지의 장점 | The first agricultural insurance	246
092	재미있는 대화가 절실해요 | Let's get humorous everytime we can	250
093	우유가 안 좋은 식품일지도… | Are dairy products really harmful?	254
094	그냥 옛날이 궁금할 뿐 입니다 | The pure interests in the past	256
095	이제는 불평, 불만조차 귀찮은 일인가요? | Where has your self assertion gone?	258
096	사후세계에서도 돈이 필요하다오 | The deceased have to pay Charon	260
097	같이 이길 수 있습니다 | Take win-win attitude, not win-lose	262
098	운영방식의 편향과 정치적 좌편향이 지배하는 대중매체 | The poor mass media	264
099	원주민의 말에 귀를 기울여봐요 | Pay attention to what they call them	266
100	언어의 갯수만큼 인생은 풍요로와 집니다 | Learn another language	268

100 *the original*

교양영어
고급지문
II

바른영어훈련소

001

The moon is not made of green cheese
삐뚤어진 소수가 의견을 도배할 때

Going to Extremes | Cass R. Sunstein

If people on the Internet are deliberating mostly with like-minded others, their views will not merely be reinforced; they will instead be shifted to more extreme points. Indeed, the Internet would seem to be replicating the Colorado experiment, and doing so every hour of every day. With the Internet, it is exceedingly easy for each of us to find like-minded types. Views ❶ **that would ordinarily dissolve**, simply because of an absence of social support, can be found in large numbers on the Internet, even if they are understood to be exotic, indefensible, or bizarre in most communities. As Marc Sageman writes, "Let's assume that a very few people in the world share the same strange belief, say, that the moon is made of green cheese. Through a process of self-selection, they find each other on the same forum. Soon, they will assume that everyone shares this conviction because only the true believers air their views and the rest stay silent." Recall that group polarization sometimes occurs because people do not take sufficient account of the fact that the views of group members are biased, or worse, and do not really represent the convictions of most people in the community. The problem is especially severe on the Internet, where it is so easy to find support for judgments that are held by only a(bizarre, confused, or hateful) few.

· the Colorado Experiment : 반복에 의해 단기간에 근육 강화가 가능하다는 실험. 실험 참가자가 단 2명이었고, 기존의 근육을 강화한 특별한 사례를 전체에 적용하려는 일반화 무리수를 두었음.

만일 인터넷 상의 사람들이 주로 생각이 비슷한 이들과 함께 숙고한다면, 그들의 견해는 단지 강화되는 것만이 아니다. 그 생각들은 그보다도 더 극단적인 지점으로 옮겨갈 것이다. 사실, 인터넷은 Colorado 실험을 복제하고 있는 것처럼 보일 것이며, 매일 매 시간 그렇게 하는 것처럼 보일 것이다. 인터넷과 함께, 우리 각자가 같은 생각을 가진 사람들을 발견하는 것은 매우 쉬운 일이다. 단순히 사회적 지지의 부재 때문에, 보통은 사라질 견해들이, 심지어 대부분의 사회에서는 낯설고, 옹호의 여지가 없고, 기괴한 것으로 이해될지라도, 인터넷 상에서는 다수 발견될 수 있다. Marc Sageman이 쓴 것처럼, "이 세상에서 매우 적은 수의 사람들만이 이상한 같은 믿음, 말하자면, 달이 녹색 치즈로 만들어졌다는 믿음을 공유한다고 가정해 보자. 자기 선택의 과정을 거쳐서, 그들은 같은 대화의 광장에서 서로를 발견한다. 곧, 그들은, 진정으로 믿는 사람들만 자신들의 견해를 방송하고 나머지는 침묵한 채로 있기 때문에, 모든 사람들이 이러한 신념을 공유한다고 가정하게 될 것이다." 집단의 양극화는 때때로, 사람들이, 그 집단 구성원들의 견해가 편향되었거나, 심하게는, 정말로 그 사회의 대부분의 사람들의 의견을 대표하지 않는다는 사실을 충분히 고려하지 않기 때문에, 생긴다는 것을 기억해라. 이 문제는 인터넷상에서 특별히 심각한데, 인터넷에서는 단지 (이상하고 혼란스러워하며 세상을 미워하는) 소수에 의해서만 주장되는 판단에 대한 지지를 찾아내기가 매우 쉽기 때문이다.

패턴과 어휘

- air 방송하다
- bias + 명사 기울이다, 편향시키다
- bizzare 괴상한
- conviction 확신
- deliberate 숙고하다, 깊이 생각하다
- dissolve 녹다, 사라지다, 녹이다(타)
- indefensible 옹호될 수 없는
- like-minded 같은 정신을 가진
- reinforce + 명사 ~을 강화하다
- replicate + 명사 복제하다
- represent + 명사 ~을 대변하다
- polarization 양극화, 극단화
- shift A to B A를 B쪽으로 옮기다
- take account of ~고려하다

구조 해설

❶ that would ordinarily dissolve : ordinarily 가 가정되었고 결과절의 조동사 would 를 썼다.

002

We see 16 frames for one second
그것은 연속이 아니었건만…

Movement as Meaning in Experimental Film
| Daniel Barnett

If he made the camera expose only one frame at a time while the projector continued to run without stopping, his capacity for creating illusions would be greatly enhanced. Melies understood what lived between the frames.

Our nervous systems process visual information relatively slowly compared to the cinema machine and that allows two separate illusions to power our experience of mechanical-analog cinema. When we are in a movie theater we don't notice that we are really sitting in darkness ❶ **a majority of the time**, a darkness punctuated by the brief flashes of light that carry the shadows of a filmstrip to the screen. We don't realize this because when light gets painted on our retinas, the excitation persists for longer than the actual stimulus. It's a phenomenon called persistence of vision and it prevents us from seeing the dark between the frames. Analog movies, after all, originally consisted of a stream of still images sequentially replaced in the gate of a projector where the process of replacement is hidden from us by the closing of the projector's shutter. This is the first part of the basic illusion—the illusion of continuity in an experience which is actually intermittent.

패턴과 어휘

- intermittent   간헐적인
- persist   끈질기게 남아있다, 고집하다
- process   과정, 처리하다
- projector   영사기
- punctuate   끊다, 구두점을 찍다
- retina   망막

만일 그가, 프로젝터(영사기)가 멈추지 않고 계속해서 작동되는 동안, 카메라가 단지 한 번에 한 프레임씩 노출되게 만든다면, 환영을 만들기 위한 그의 능력은 매우 증대될 것이다. Melies는 그 프레임들 사이에서 무엇이 살고 있는지 이해했다.

우리의 신경 체계는 영화 기계에 비해 상대적으로 느리게 시각적 정보를 처리하는데 그로 인해 두 개의 분리된 환영이 우리의 기계식 아날로그 영화의 경험을 일으킬 수 있도록 허용해준다. 우리가 극장에 있을 때 우리는 사실 **그 시간의 대부분을** 어둠, 즉 필름 영상들을 스크린으로 옮겨주는 짧게 번쩍이는 불빛들에 의해 순간순간 끊어지는 어둠 속에, 앉아 있다는 것을 알아차리지 못한다. 우리는 이것을 인식하지 못하는데 왜냐하면 빛이 우리의 망막에 칠해질 때, 그 자극은 실제 자극보다 더 오래 지속되기 때문이다. 이것은 '시각적 잔상 효과'라고 불리는 현상이고 이것은 우리가 영화 장면들 사이의 어둠을 보는 것을 막는다. 결국, 아날로그 영화들은 원래는 영사기의 입구에서 연속적으로 교체되는 일련의 정지된 화면들로 구성되어 있었는데, 그 교체 과정은 영사기 셔터의 폐쇄로 인해 우리들에게 숨겨지는 것이다. 이것이 기본적 환영의 첫 부분, 즉 간헐적 경험 속에 있는 연속성이라는 착각이다.

구조 해설

❶ a majority of the time : 부사적으로 사용되었다. → '대부분의 시간 동안'

003

Get the bigger picture
훌륭한 결정을 내리는 무의식의 힘

59 Seconds : Decision Making | Richard Wiseman

You might argue that the choices made in these types of studies are unlike the complicated choices that people have to make in real life. In fact, the researchers have obtained the same curious effect again and again. Whether it is deciding which apartment to rent, which car to buy or which shares to invest in, people who are shown the options but then kept ❶ **busy working** on a difficult mental activity make better decisions than others.

Why should this be the case? Dijksterhuis and van Olden claim this is about harnessing the power of your unconscious mind.

When having to decide between options that only differ in one or two ways, your conscious mind is very good at studying the situation in a rational, level-headed fashion and deciding the best course of action. However, it only has a limited ability to juggle a small number of facts and figures at any one time, and so is not so good when the going gets complex. Then, instead of looking at the situation as a whole, the conscious mind tends to focus on the most obvious elements and, in doing so, can miss the bigger picture.

In contrast, your unconscious mind is much better at

패턴과 어휘

- be good at   ~에 능하다
- be the case   옳다, 사실에 부합하다
- harness + 명사   ~을 이용하다,
  마구 (말을 다룰 때 쓰는 도구)
- juggle + 명사   다양하게 다루다,
  효율적으로 조직하다, 묘기를 보이다

당신은, 이러한 유형의 연구에서 이루어진 선택들은 사람들이 현실에서 해야만 하는 복잡한 선택들과는 다르다고, 주장 할 것 이다. 사실, 연구원들은 계속해서 동일한 호기심을 끄는 효과를 얻었다. 어떤 아파트를 렌트할지, 어떤 자동차를 살지 또는 어떤 주식(증권)에 투자 할지를 결정하든 간에, 선택지를 보여주었지만 어려운 정신 활동으로 **바쁘게 움직이는** 사람들은 다른 사람들보다 더 나은 결정을 내린다.

왜 이런 경우가 생기는 것일까? 심리학자인 AP Dijksterhuis와 Zeger van Olden은 이것이 당신의 무의식적인 생각의 힘을 이용하는 것과 관련된 일이라고 주장한다.

한 두 가지 방식에서만, 다른 선택 사항들 사이에서 결정해야할 때, 당신의 의식적인 사고는 이성적이고, 수준 높은 방식으로 그 상황을 조사하고 최선의 행동 방식을 결정하는데 매우 능숙하다. 그러나, 그것은 단지 한 번에 몇 개의 사실과 수치만 효율적으로 다루는 제한된 능력을 갖고 있어서, 진행 상황이 복잡해질 때는 그렇게 잘 결정을 내리지는 못한다. 즉, 그 상황을 전체적으로 들여다 보지 않고, 의식적인 마음이 가장 분명한 요소에 초점을 맞추는 경향이 있으며, 그렇게 하면, 더 큰 그림을 놓칠 수 있다.

반면에, 당신의 무의식적인 사고는 우리 삶의 여러 측면에 만연해 있는 복

구조 해설

① busy working : kept busy 뒤에서 분사구문 → '~하면서 바쁜'

003

Get the bigger picture
훌륭한 결정을 내리는 무의식의 힘

59 Seconds : Decision Making | Richard Wiseman

dealing with the complex decisions that *pervade* many aspects of our lives. ❶ **Given time**, it slowly works through all the factors, and eventually provides a more balanced decision. Dijksterhuis and van Olden's explanation for the effect, referred to as the Unconscious Thought Theory, argues for a kind of middle ground for making complex decisions.

  Thinking too hard about an issue is, in many ways, as bad as making an instant choice. Instead, it is all a question of knowing what needs to be decided, then distracting your conscious mind and allowing your unconscious to work away. And how do you get your unconscious mind to work on a problem? Well, just as we saw in the section on boosting creativity, one technique involves keeping the conscious mind busy with a distracting but difficult task, like solving anagrams or counting backwards in threes.

패턴과 어휘

- pervade + 명사   ~에 만연해 있다

잡한 결정을 다루는 데 훨씬 더 좋다. **시간이 주어지면**, 그것은 천천히 모든 요소를 살피고, 그래서 결국 더 균형 잡힌 결정을 제공한다. 무의식적 사고 이론(Unconscious Thought Theory)이라고 불리는**,** 그 효과에 대한 Dijksterhuis와 van Olden의 설명은 복잡한 결정을 위한 일종의 절충안을 주장한다.

　한 가지 문제에 대해**,** 여러 방식으로, 너무 열심히 생각하는 것은 즉각적인 선택을 하는 것 만큼 나쁘다. 대신에, 그것은 전적으로 어떤 것이 결정될 필요가 있는가를 아는 것의 문제이며, 그 다음은 당신의 의식적인 사고의 주의를 산만하게 하고 당신의 무의식을 열심히 일하게 만드는 문제이다. 그러면 당신은 어떻게 당신의 무의식적인 사고가 문제를 해결하게 할 것 인가? 창의성 향상에 관한 섹션에서 보았듯이, 한 가지 기법은, 글자 수수께끼를 풀거나 3개 단위로 거꾸로 세는 것과 같은, 주의를 산만하게 하지만 어려운 과제로 의식적인 사고를 바쁘게 유지시키는 것과 관련되어 있다.

구조 해설

❶ Given time : 분사구문 'when it is given time'

004

Please go private!
명절에 모이기 싫은 미혼들

The Power Of Giving | Azim Jamal

For example, Michelle did not like the way her mother was always putting pressure on her to get married. She especially didn't like it when her mom did this in front of relatives and guests. That really hurt Michelle. She was 37 and wanted to get married, and ❶ **the last thing she needed** was embarrassment and pressure. Michelle finally confronted her mother in a "private chat." She told her mom that she really wanted to get married, just as much as her mom wanted her to. However, Michelle warned her mother that when she brought up this issue in front of other people, she was making Michelle ever more resistant to the idea of marriage. Michelle told her mother that she would be happy to discuss this ❷ **one-to-one with her**, but that she should stop bringing it up in front of other people. Michelle's mother was relieved to know that her daughter was seriously looking for a partner. Their relationship improved after the talk, even though there were occasional lapses.

패턴과 어휘

- be relieved to VR ~하게 되어 안도하다
- bring up + 명사 ~을 끄집어내다
- confront + 명사 ~에 맞서다
- lapse 실수, 깜박 잊고 저지르는 일
- occasional 간헐적인, 어쩌다 생기는
- resistant to ~에 저항적인

예를 들어, Michelle은 그녀의 어머니가 결혼하라고 항상 부담을 주는 방식을 좋아하지 않았다. 그녀는**,** 어머니가 친지들이나 방문자들 앞에서 그렇게 할 때 (결혼에 대한 부담을 줄 때)**,** 그것이 특히 싫었다. 그런 일은 Michelle의 마음을 매우 상하게 했다. 그녀는 37살이었고 결혼하기를 원했는데**, 그녀가 가장 최후에 필요로 했던 것**(즉, 필요로 하지 않는 것)이 당황스러움과 부담이었다. Michelle은 "사적인 이야기" 와중에 어머니에게 마침내 맞섰다. 그녀는 어머니에게**,** 어머니가 그녀가 결혼하길 원하는 만큼, 그녀도 정말로 결혼하기를 원한다고 말했다. 하지만, Michell은**,** 어머니가 다른 사람들 앞에서 이 이야기를 꺼낼 때, 어머니가 Michelle로 하여금 결혼에 대한 생각에 더욱 저항적으로 만들고 있다고 경고했다. Michelle은 어머니에게 이것(결혼 문제)을 **그녀와 일대일로** 상의한다면 좋겠지만, 어머니가 다른 사람들 앞에서 그 이야기를 꺼내는 것은 그만 두어야 한다고 말했다. Michelle의 어머니는 그녀의 딸이 진지하게 배우자를 찾고 있었다는 것을 알고 안도하였다. 이따금씩 실수들이 있긴 했지만**,** 그 대화 이후 그들의 관계는 나아졌다.

구조 해설

❶ the last thing she needed : the first (or last) thing + 의도, 필요성을 가지는 관계사절은, 의역하여 '가장 ~하지 않은', 혹은 '제일 먼저 ~할' 이란 의미도 될 수 있음에 유의

❷ one-to-one with her : 부사적으로 사용되어 술어동사를 수식한다

005 Build up your self confidence
성공의 일등공신 - 자신감

Put Your Dream to the Test | John C. Maxwell

It takes confidence to talk about a dream and even more to pursue it. And sometimes confidence separates the people who dream and pursue those dreams from those who don't. In her research at the University of Wisconsin, Karen Greno-Malsch discovered that self-confidence is vital to success. In a study of children, she found that lower self-worth translated into 37 percent less willingness to negotiate and the use of 11 percent fewer negotiation strategies with others. She also discovered that ❶ **the greater a child's self-worth, the greater the willingness to incur the risks of prolonged negotiation and the greater the adaptability**. In other words, the more confidence you have in yourself, the less likely you are to give up trying to get what you want.

패턴과 어휘

- incur + 명사   ~를 초래하다
- separate A from B
  A를 B로부터 분리하다, 구별짓다
- translate into   ~로 해석되다

당신의 꿈에 대해 이야기 하는 것은 자신감이 필요하고 그것을 추구하는 것은 더 많은 자신감이 필요하다. 그리고 때로는 자신감이 그러한 꿈을 꾸고 추구하는 사람들과 그렇지 않은 사람들을 구별시킨다. Karen Greno-Malsch는 Wisconsin 대학교에서의 연구에서, 자신감이 성공에 있어 가장 중요하다는 것을 발견했다. 어린아이들을 대상으로 한 연구에서, 그녀는 상대적으로 낮은 자부심은 협상하려는 의지를 37% 적게 하며 다른 사람들과의 협상 전략을 11% 더 적게 사용하는 것으로 해석된다는 것을 발견했다. 그녀는 또한 **어린아이의 자부심이 높을수록, 장기적인 협상의 위험성을 감내할 의지와 적응력이 더 커진다**는 사실도 발견했다. 다시 말해, 스스로에 대한 자신감을 더 많이 가질수록, 당신은 원하는 것을 얻으려는 노력을 포기할 가능성이 적어질 것이다.

구조 해설

❶ the greater a child's self-worth, the greater the willingness to incur the risks of prolonged negotiation and the greater the adaptability : 주어 다음에 be 동사가 생략된 형태의 비례절, 원래 접속사 as 를 사용하는 경우의 어순은 As a child's self-worth is greater, the willingness to incur the risks of prolonged negotiation is greater and the adaptability is greater.

006

We need to be properly fed
의식주의 충족이 긍정적 감정을 만들어 냅니다

Happier | Tal Ben-Shahar

In his book Man's Search for Meaning, Viktor Frankl talks about how victims of the Holocaust were able to find meaning in their lives. Despite the physical and emotional torture that these people endured in the concentration camps, some of them found meaning, a sense of purpose, in their meager existence. Their purpose ❶ **could have been to reunite** with loved ones or to someday write about what they had lived through. However, even to suggest that these people were happy while in the camp is absurd. In order to be happy, having meaning in life is not enough. We need the experience of meaning and the experience of positive emotions; we need present and future benefit.

패턴과 어휘

- concentration camp 집단 수용소
- meager existence 빈약한 존재
- torture 고문, 고문하다

자신의 저서인 Man's Search for Meaing에서, Viktor Frankl는 Holocaust(유대인 대학살)의 희생자들이 어떻게 그들의 삶에서 의미를 찾았는지에 대해 이야기한다. 이러한 사람들이 **수용소**에서 견뎠던 신체적 그리고 정신적 **고문**에도 불구하고, 그들 중 일부는 의미, 즉 자신의 **연약한 존재** 속에서도, 목적의식을 발견했다. 그들의 목적은 사랑하는 사람과의 **재회일 수도 있었고** 혹은 언젠가 그들이 겪었던 사람에 관해 저술을 하는 것일 수도 있었다. 그러나, 이 사람들이 수용소에 있는 동안 행복했었다고 시사하는 것은 터무니없다. 행복해지기 위해서는, 인생에서 의미를 갖는다는 것만으로는 충분치 않다. 우리는 의미의 경험 그리고 긍정적 감정의 경험을 필요로 하는 것이다. 즉, 우리는 현재와 미래의 혜택을 필요로 하는 것이다.

구조 해설

❶ could have been to reunite : 가정법의 주절 술어구조라기 보다는 단순한 과거사실에 대한 추측이나 가능성을 제시하는 용법이며, be to 구조의 해석은 '~하는 것이다' 이다. 최종적으로, '~하는 것일 가능성도 있었다'

007

Hamlet at the top of the Himalayan
햄릿은 세상 곳곳에서 살고 있는 캐릭터

At the top of the world | Heidi Sakuma

Born into a performing arts family in China, Xuehua "Sherwood" Hu began his directing career at the New York Public Theater. His latest project has a foot in both worlds.

The Prince of the Himalayas sets Shakespeare's Hamlet in ancient Tibet. It features an all-Tibetan cast and was filmed in the high altitudes of the Himalayas.

"One can imagine how the crew worked in this sort of condition," says Hu. "However, I loved every minute of it as we knew that we were doing something meaningful and magnificent."

Hu wanted to fulfill his father's wish to direct Hamlet before he died and to explore Shakespeare's themes in ❶ **a setting as unique as Tibet**. "I was excited by the idea of ❷ **having Hamlet ask his own destiny**—Where am I coming from? Where am I going to? To be or not to be?—at the top of the Himalayan mountain, where it is so close to the universe, you almost could touch the sun if you extend your arms," he says. "I wanted to make a Tibetan Hamlet about love, not about revenge."

패턴과 어휘

- altitude   고도, 높이, 고지
- be filmed   촬영되다
- crew   특정 목적을 위해 훈련된 소규모 인원들, 대원
- feature + 명사   특별히 이용하다
- revenge   복수, 복수하다

중국의 공연예술 가족에서 태어난, Xuehua "Sherwood" Hu는 New york Public Theater에서 감독직을 시작했다. 그의 최신작품은 동서양 모두에 발을 내딛고 있다.

'히말라야의 왕자'는 고대 티베트에 셰익스피어의 햄릿을 등장시킨다. 그것은 모두 티베트인을 배역으로 하였으며 히말라야의 고지대에서 촬영되었다.

"기술진(제작진)들이 이러한 종류의 여건에서 어떻게 작업했는지를, 누구라도 상상할 수 있을 겁니다."라고 그는 말한다. "그러나, 우리가 의미있고 거대한 작업을 하고 있다는 것을 알았기 때문에, 저는 그 촬영의 모든 순간들을 좋아했습니다."

그는 아버지가 죽기 전에, 햄릿을 감독하고자 했던 아버지의 소망을 충족시키고 셰익스피어의 주제를 티벳과 같이 독특한 환경에서 실험해보길 원했다. "팔을 뻗으면 태양에 거의 닿을 수 있을 정도로 하늘에 아주 가까운 곳인, 히말라야의 꼭대기에서 햄릿으로 하여금 '나는 어디서 왔는가? 나는 어디로 갈 것인가? 사느냐 죽느냐?' 등의 자신의 운명을 묻는 질문을 던지게 한다는 생각에, 저는 흥분 되었습니다"라고 그는 말한다. "저는, 복수에 관한 햄릿이 아닌, 사랑에 관한 티베트의 햄릿을 만들기를 원했습니다."

구조 해설

① a setting as unique as Tibet : as unique 이하가 앞의 setting 을 후치수식함. 형용사가 원급이나 비교급 비교 형태로 명사를 꾸밀 때는 명사의 뒤에서 as…. 혹은 more 구조로 수식함.

② having Hamlet ask his own destiny : have + 목적어 + 동사원형 구조의 사역

008 How not to get set up
도사리고 있는 부정부패

The business ethics activity book | Marlene Caroselli

Sometimes people are deliberately vague in their communications, hoping to make a point through vague and veiled wording. This way, they cannot be accused of having deliberately suggested wrongdoing. Ethics author Nan DeMars, writing in You Want Me To Do What?, suggests this for ambiguous situations: Restate your understanding of what you're being asked to do, to ❶ **make certain that** you heard what you think you heard. If the implication (or even the expressed request) borders on the illegal or immoral, ❷ **ask** the person who made the request to put it in writing and to sign the written request. If he or she refuses to do so, make a note of the incident and keep it on file. If it's truly an egregious request, request a meeting with a higher authority.

패턴과 어휘

- border on　~와 경계가 닿아있다
- egregious　지독한, 엄청나게 심한 (이그리지어스)
- implication　암시, 시사
- restate　다시 말하다
- veil　가림막, 가리다(타동사)
- wrongdoing　비행, 잘못된 행동

www.properenglish.co.kr

때때로 사람들은, 애매모호하고 베일에 가려진 말투를 통해 무엇인가를 주장하고 싶어하면서, 고의적으로 의사소통을 불분명하게 한다. 이러한 방식으로, 그들은 잘못된 행동을 의도적으로 제시했다는 비난을 피할 수 있다. 윤리학서 저자인 Nan DeMars는, 'You Want Me To Do What?'을 쓰면서, 애매한 상황을 위해 다음과 같은 것을 제안한다. 들었다고 생각하는 것을 들었다고 확인하기 위해, 요청받은 일에 대해 당신이 이해한 것을 다시 진술하라. 만약 암시(또는 표현된 요청)가 거의 불법적이거나 부도덕한 것이라 말할 수 있다면, 그런 요청을 한 사람이 그것을 적고 그 적힌 요청서에 서명할 것을 요구하라. 만약 그들이 그렇게 하기를 거절한다면, 그 사건에 대해 기록하고 그것을 파일로 보관하라. 만약 그것이 몹시 부정한 요청이라면, 상급자와 면담을 요청하라.'

구조 해설

❶ make certain that : certain 은 make 의 목적보어로서 that 절을 목적어로 받는다. 가목적어 it 을 certain 앞에 두어도 되지만 오랫동안 가목적어를 생략하고 목적보어 형용사와 목적어절을 도치시켜서 써온 결과, 굳어진 표현이다.

❷ ask + 목적어 + to VR 구조를 택하고 있다.

009 Selfish, too selfish
거짓말은 공멸을 부른다

The selfish gene | Richard Dawkins

Many baby birds are fed in the nest by their parents. They all gape and scream, and the parent drops a worm or other morsel in the open mouth of one of them. The loudness with which each baby screams is, ideally, proportional to how hungry he is. Therefore, if the parent always gives the food to the loudest screamer, they should all tend to get their fair share, since when one has had enough he will not scream so loudly. At least that is what would happen in the best of all possible worlds, if individuals did not cheat. But in the light of our selfish gene concept we must expect that individuals will cheat, will tell lies about how hungry they are. This will escalate, apparently rather pointlessly because it might seem that if they are all lying by screaming too loudly, this level of loudness will become the norm, and will cease, in effect, ❶ to be a lie. However, it cannot de-escalate, because any individual who takes the first step in decreasing the loudness of his scream will be penalized by being fed less, and is more likely to starve. Baby bird screams do not become infinitely loud, because of other considerations. For example, loud screams tend to attract predators, and they use up energy.

패턴과 어휘

- be penalized   처벌 받다
- be proportional to   ~에 비례하다
- gape   입을 벌리다(자동사)
- in effect   사실상
- in the light of   ~에 비추어
- morsel   적은 양의 음식
- norm   기준, 표준
- pointlessly   무의미하게

많은 아기 새들은 둥지 속에서 그들의 부모로부터 먹이를 공급받는다. 그들은 모두 입을 크게 벌리고 소리를 지른다. 그러면 부모가 그들 중 한 마리의 입 속에 벌레나 다른 적은 양의 음식을 떨어뜨린다. 각각의 새끼가 지르는 소리의 크기는, 이상적으로라면, 그 새끼가 얼마나 배가 고픈가에 비례한다. 따라서, 부모가 항상 가장 크게 소리를 지르는 새끼에게 먹이를 준다면, 새끼들이 모두 공평한 양의 먹이를 받게 될 것이다. 왜냐하면 새끼가 충분한 양을 먹으면 그렇게 크게 소리를 지르지는 않을 것이기 때문이다. 만약 개체들이 속이지 않는다면, 그것이 적어도 모든 가능한 세상의 가장 훌륭한 곳에서 벌어질 일이다. 그러나 우리의 이기적인 유전자 개념에 비추어보아 개체들이 속일 것이라는 점을, 그들이 얼마나 배가 고픈지에 대해 거짓말을 할 것이라는 점을 예상해야 한다. 이것은, 만일 그들이 모두 너무 크게 소리를 지름으로써 거짓말을 한다면, 이런 수준의 소리 크기가 마침내 표준이 되고, 사실상, 더 이상 거짓말이 되는 것을 멈추기 때문에, 새끼 새들의 소리는 분명히 무의미하게 증대될 것이다. 그러나, 그것은 감소될 수는 없다. 왜냐하면 지르는 소리의 크기를 처음으로 감소시키는 어떠한 개체는 먹이를 적게 공급받음으로써 처벌받고, 굶어 죽을 가능성이 더 커지기 때문이다. 아기 새들의 소리 지름이, 다른 고려사항들로 인하여, 무한정 커지지는 않을 것이다. 예를 들어, 그들의 고함은 포식자들을 유인하고, 또한 에너지를 고갈시킨다.

구조 해설

❶ to be a lie : 앞의 동사 cease 의 목적어로 걸린 부정사이다.

010

We are all born artists
예술적 본능은 모든 인간의 기본 요소

Anthropology | William A. Haviland

All of this goes to show that artistic expression is ❶ **as basic to human beings as talking** and is by no means limited to a special category of people called "artists." For example, all human beings adorn their bodies in certain ways and by doing so make a statement about who they are, both as individuals and as members of society. Similarly, people in all cultures tell stories in which they express their values, hopes, and concerns and in the process reveal much about themselves and the nature of the world ❷ **as they see it**. In short, all peoples engage in artistic expression. And, they have been doing this in countless ways for at least 40,000 years—from fashioning and playing bone flutes to painting animals on ancient rock walls to digital music jamming on iPhones.

패턴과 어휘

- adorn their bodies   그들의 몸을 장식하다
- by no means   결코 ~이 아니다
- digital music jamming   디지털 음악 입력
- engage in   ~에 참여하다
- fashion + 명사   ~을 만들다
- make a statement about   ~에 관해 말로 표현하다

이 모든 것은, 예술적인 표현은 **말하는 것만큼이나 인간에게 기본적이며 결코** "예술가"라 불리는 특정한 부류의 사람들에게만 한정**되지 않는다**는 것을 보여준다. 예를 들어서, 모든 인간들은 특정한 방식으로 그들의 몸을 장식하며 그렇게 함으로써, 개인으로서 그리고 사회의 구성원으로서, 그들이 누구인지에 대해 표현한다. 이와 유사하게, 모든 문화의 사람들은, 그들의 가치, 희망, 그리고 관심사들을 표현하는 이야기들을 말하며, 그리고 그 과정 속에서 그들 자신과 **그들이 그것을 바라보는 바 대로** 세상의 본질에 관해 많은 것을 드러낸다. 간단히 말하면, 모든 민족들은 예술적인 표현에 관여한다는 것이다. 그리고, 그들은 적어도 4만년 동안, 뿔피리를 만들어 부는 것에서부터 고대의 바위벽에 동물 그림을 그리는 것에까지, 그리고 '아이폰'에 디지털 음악을 채워 넣는 것에 이르기까지, 수많은 방식으로 이것을 행해왔다.

구조 해설

1. as basic to human beings as talking : 주어인 artistic expression 과 talking 이 병렬
2. as they see it : '그들이 그것을 이해하듯이' 양태절로 해석

011

What are you or Who are you?
나는 누구일까? 나는 무엇하는 사람일까?

Cultural intelligence | Brooks Peterson

Here's an exercise: ❶ **try introducing** yourself to someone without mentioning your job or your profession. Just talk about who you are. You might find you have surprisingly little to say! How would you approach this? Would you define yourself by your family? (I have noticed that many Asians introduce themselves by telling about their families—"I am from a family of five. I live with my two sisters, my parents, and my grandparents"—in addition to telling about what their job role is.) Or would you define yourself by where you live? By what you like? By what you think is important? By what you have learned recently? Would those seem like awkward things to talk about? If so, then how indeed would you explain who you are without referring to what you do? In the United States we are ❷ **so "doing" oriented that** it may be hard to define ourselves in any other way!

패턴과 어휘

- profession   전문직업   - refer to + 명사, 대명사, 동명사   ~에 대해 언급하다

여기에 한 가지 연습법이 있다. 당신의 일이나 **직업**을 언급하지 않고 누군가에게 **당신을 소개해보라**. 그저 당신이 누구인지에 대해 말해라. 당신은 놀랄 정도로 할 말이 거의 없음을 발견하게 될 것이다! 어떻게 이것(경력에 대한 언급 없는 신상소개)에 접근하겠는가? 당신의 가족으로 당신을 정의하겠는가? (나는 많은 아시아인들이, 자신의 직업이 무엇인지에 대해 말하는 것에 덧붙여, 가족에 대해 말함으로써 자신을 소개하는 것을 보았다. "우리는 다섯 식구입니다. 나는 두 자매랑, 부모님, 조부모님과 살고 있어요."식으로 말이다.) 또는 사는 곳으로 당신을 정의할 것인가? 좋아하는 것으로? 중요하게 여기는 것으로? 최근에 배운 것으로? 이런 것들은 말하기에 어색한 것들로 보이지 않겠는가? 그렇다면, 어떻게 정말로 당신은 당신이 하는 **일을 언급하**지 않고 당신이 누구인지 설명하겠는가? 미국에서는 우리가 **너무 '일' 중심적이어서** 이 외의 다른 방법으로 우리를 정의하는 것이 어려울지 모른다.

구조 해설

❶ try introducing : try + ~ing 해석적용 → '시험삼아 한 번 해보다'

❷ so "doing" oriented that : so + 형용사, 부사 + that 절 해석 적용

012

Time spent is achivement earned
공부에서 스킬 너무 찾지 마세요

Managing Your Mind | Gillian Butler

There is one central law about study: the law of mass effect. This states that the amount of work you do (the amount you learn or the amount you write, for instance) is strongly correlated with the amount of time you spend doing it. Certainly, many students study in an inefficient way, so that long hours of hard work achieve much less than ❶ **they could**. But it is important not to believe ❷ **the myth that** by studying incredibly efficiently you can achieve a lot by doing remarkably little. What you can do is achieve a great deal by combining work and recreation in moderate amounts. Any worthwhile study will therefore take some time. The main reason why people who study often achieve less than they want to is that they do not put in the hours. Therefore, if you want to study, you need to set aside time to work. So why not make it easy to start, and fun to do?

패턴과 어휘

- put in the hours   시간들을 투입하다
- set aside time   시간을 따로 떼어두다
- why not + 원형동사
  ~하는 게 어떨까 (제안)

공부에 관해**,** 질량 효과의 법칙이라는, 주요한 법칙이 하나 있다. 이 법칙은 당신이 하는 일의 양(예를 들어, 당신이 배우는 양, 당신이 쓰는 양)은 그것을 하면서 보내는 시간의 양과 서로 밀접하게 관련이 있다고 말한다. 확실히, 많은 학생들은 비효율적인 방법으로 공부하기 때문에, 오랜 시간 열심히 공부해도 **그 시간들이** 할 수 있는 것에 비해서 훨씬 더 적게 성취한다. 하지만 매우 효율적으로 공부하는 것에 의해 아주 적게 공부해도 많은 것을 성취할 수 있**다는 잘못된 신념**은 믿지 않는 것이 중요하다. 할 수 있는 일은 학습과 휴식을 적정량으로 조합하여 아주 많은 것을 성취하는 것이다. 따라서, 가치 있는 공부는 어느 정도 시간이 걸린다. 공부를 하는 사람이 흔히 그들이 원하는 것보다 적게 달성하는 주된 이유는 시간을 할애하지 않는 것이다. 따라서, 공부를 하고 싶다면, 공부할 시간을 따로 떼어 두는 것이 필요하다. 그러므로 시작한다는 것을 쉽게, 그리고 하기에 재미있게 하는 것이 어떨까?

구조 해설

❶ they : they 는 앞의 long hours 를 의미한다.

❷ the myth that : 동격의 that 절로 앞의 명사에 대한 내용을 담고 있다.

013

Like father, like son
성공한 부모들을 본 받아 배우세요

Bending the rules | Robert A. Hinde

We see it as natural ❶ **that parents should make sacrifices to look after their children, and that children should respect their parents**. This is not surprising, ❷ **for** such behavior is in keeping with the mode of action of natural selection. Natural selection operates to ensure that individuals behave in a way that maximizes their lifetime reproductive success and also ❸ **that** of their descendants and close relatives. The genetic constitution of those who leave more healthy offspring than others will be better represented in succeeding generations. In looking after their children, parents are ensuring the survival of individuals who behave in much the same way as they do and are likely to pass on a similar complement of genes. Thus looking after one's children is in keeping with the dictates of natural selection.

패턴과 어휘

- be in keeping with ~와 조화를 이루다
- complement 보완제
- descendant 후손
- dictate 명령하다, 명령
- ensure + 명사, that 절 ~을 보장하다
- natural selection 자연적 선택
- offspring 후손

우리는**,** 부모가 자녀들을 돌보는 데 희생을 치러야만 한다는 것, 그리고 자녀들이 부모를 공경해야만 한다는 것을**,** 당연하게 여긴다. 이것은 그리 놀라운 일은 아니다. **왜냐하면** 그러한 행동은 자연선택의 행동방식과 조화를 이루기 **때문이다.** 자연선택은, 개인들의 평생에 걸친 번식적 성공과 그 후손 및 친지들의 **번식적 성공**을 최대화 하는 방식으로 개인들이 행동하는 것을 보장해 주는, 작용을 한다. 남들보다 더 건강한 후손을 남기는 사람들의 유전적 구조는 그 다음 세대에서 더욱 잘 나타날 것이다. 부모들은, 자신들의 아이들을 보살피는 동안, 자신들이 행동하는 것과 동일한 방식으로 행동하는 개인(자식)의 생존을 보장하고 있는 것이며 유사한 유전적 보완물을 계속 전달할 가능성이 크다. 따라서 자녀를 보살피는 것은 자연선택의 지시와 조화를 이룬다.

구조 해설

1. that parents should make sacrifices to look after their children, and that children should respect their parents : 앞의 가목적어 it 에 대한 진목적어 명사절로서 등위접속사 and 에 의해 두 개로 나뉘어져 있다.

2. for : 접속사로서 because 에 해당한다.

3. that : 지시대명사로서 앞의 명사 success 를 대신 받았다.

014

Endlessly stuck are people in the cars
기차의 시절이 그리워질 것입니다

The White Tiger | Aravind Adiga

There was a fierce jam on the road to Gurgaon. ❶ **Every five minutes** the traffic would tremble—we'd move a foot—hope would rise—then the red lights would flash on the cars ahead of me, and we'd be stuck again. Everyone honked. Every now and then, the various horns, each with its own pitch, blended into one continuous wail that sounded like a calf taken from its mother. Fumes filled the air. Wisps of blue exhaust glowed in front of every headlight; the exhaust grew ❷ **so fat and thick it could not rise or escape**, but spread horizontally, sluggish and glossy, making a kind of fog around us. Matches were continually being struck—the drivers of autorickshaws lit cigarettes, adding tobacco pollution to petrol pollution.

패턴과 어휘

- autorickshaw   자동 인력거, 삼륜차
- blend into   ~로 섞이다
- blue exhaust   푸른색 매연가스
- calf   송아지, 망아지 등 포유동물의 젖먹이 새끼
- glossy   광택이 있는
- honk   경적, 경적을 울리다
- horizontally   수평적으로
- petrol   석유
- sluggish   느릿느릿한
- wail   우는 소리, 곡소리, 곡소리를 내며 울다

Gurgaon으로 가는 도로에는 끔찍한 정체가 있었다. **매 5분마다** 차들은 부르르 떨며, 우리는 1 피트 움직이고, 희망은 솟아오르고, 그러다 빨간불이 내 앞의 차들에서 반짝이고, 그리고 우리는 다시 옴짝달싹도 못하곤 했다. 모두들 경적을 울렸다. 때때로, 각기 고유한 음높이를 가진 다양한 경적들이 섞여서 어미 소 로부터 떼어낸 송아지처럼 들리는 하나의 연속적인 울부짖음이 되었다. 매연이 공기를 채웠다. 푸른 배기가스의 연기줄기가 모든 전조등 앞에서 반짝였다. 배기가스는**, 너무 두텁고 진해**져서 **올라가지도 사라지지도 않**고, 천천히 반짝이며 수평으로 퍼져나가, 우리 주변에 일종의 안개를 형성했다. 성냥들이 계속 켜졌다. 삼륜차 운전자들이 담배에 불을 붙였고, 담배 연기를 매연에 보탰다.

구조 해설

❶ Every five minutes : 빈도부사구로서, '매 5분 마다'

❷ so fat and thick it could not : it 앞에 접속사 that 이 생략된 부사절

015

Goal set Superman born
목표의식과 성취열망은 산삼의 백배

Create your own future | Brian Tracy

Your superconscious mind is capable of goal-oriented motivation. When you are absolutely clear about something you really want, you experience a continuous flow of energy and motivation that drives you toward it.

Your superconscious mind is actually a source of "free energy." When you are excited about achieving something, you tap into this energy source, like plugging into a universal electrical outlet. You seem to need less sleep than before. You are able to work longer and harder without becoming tired. You feel happier and more in control of your life. You feel terrific about yourself for long periods. You are seldom sick or fatigued. You feel ❶ as if you are on a psychological high, and indeed ❷ you are.

패턴과 어휘

- actually   실제로
- a continuous flow   끊임없는 흐름
- electrical outlet   전기배출구(콘센트)
- fatigue   피로, 피로감을 주다
- feel terrific   멋진 기분을 느끼다
- goal-oriented   목표지향적인
- plug into   에너지원에 접속하다
- a psychological high   심리적 고양상태
- tap into   이용하다
- universal   보편적인

당신의 초의식적 정신은 목표 지향적인 동기를 가질 수 있다. 당신이 진정으로 바라는 무언가에 대해 절대적으로 확신할 때, 당신은 그것을 향해 당신을 밀어붙이는 에너지와 의욕의 지속적 흐름을 경험하게 된다.

당신의 초의식적 정신은 실제로 "자유로운 에너지"의 원천이 된다. 어떤 것을 성취하는 것에 대해 흥분할 때, 일반적인 전기 콘센트에 플러그를 꽂는 것처럼, 당신은 이 에너지원을 이용한다. 당신은 이전보다 잠을 덜 필요로 하는 것처럼 보인다. 당신은 피곤해지지 않고 더 오랫동안 일하게 될 것이다. 당신은 보다 행복하고 자신의 삶에 대한 지배력이 보다 많아짐을 느낄 것이다. 당신은 오랜 기간 동안 스스로에 대해 아주 좋은 느낌을 갖게 될 것이다. 당신은 아프거나 피곤해지는 경우가 드물 것이다. 당신은 심리적으로 고양된 상태에 있는 듯한 느낌이 들며, 실제로 그러한 상태이다.

구조 해설

1. as if you are : '마치 당신이 그러하듯이' 현재시제인 are 를 사용했으므로 가능성이 있는 가정

2. you are : 뒤에 생략된 말은 on a psychological high.

016

Losers tend to be nihilists
게으른 무능력자는 초월주의를 가장한다

On the contrary | Martha Rainbolt

There is a strong view that holds that success is a myth, and ambition therefore a sham. Does this mean that success does not really exist? ❶ **That achievement is at bottom empty?** ❷ **That the efforts of men and women are of no significance alongside the force of movements and events?** Now not all success, obviously, is worth esteeming, ❸ **nor all ambition worth cultivating.** ❹ **Which are and which are not** is something ❺ **one soon enough learns on one's own.** But even ❻ **the most** cynical secretly admit that success exists; that achievement counts for a great deal; and that the true myth is that the actions of men and women are useless. To believe otherwise is to take on a point of view that is likely to be deranging. ❼ **It is** in its implications**, to remove** all motive for competence, interest in attainment, and regard for posterity.

패턴과 어휘

- attainment 달성, 성취
- competence 뛰어난 능력
- count 중요하다
- cynical 냉소적인
- derange 혼란시키다, 어지럽히다
- esteem 존중하다, 높게 평가하다
- hold 뒤에서 that 절을 받아서 '주장하다'
- implications 암시, 영향
- of no significance
  of + 추상명사 = 형용사 규칙에 따라 insignificant
- posterity 후세
- sham 허위, 가짜, 헛소리
- take on a point of view
  어떤 관점을 취하다

성공은 미신이고, 그러므로 야망도 허위라 주장하는 강력한 견해가 있다. 이것이 성공이 진정 존재하지 않는다는 것을 의미하는가? **업적은 결국 공허하다는 것을 의미하는 것인가?** 수많은 (사회)운동과 사건의 힘들과 함께 벌인 남녀들의 노력들이 무의미하다는 것을 의미하는가? 분명, 모든 성공이 다 존중할 가치가 있는 것은 아니며, 모든 야망이 다 가꿀 가치가 있는 것도 아니다. 무엇이 그렇고 무엇이 그렇지 않은지는 우리가 곧 스스로 배우게 될 일이다. 하지만 가장 냉소적인 사람들조차, 성공이 존재한다는 것과 업적도 엄청나게 중요하다는 것을 은밀하게 인정하며, 진정한 미신은 인간의 행위가 아무 쓸모가 없다는 주장이라는 것을 인정한다. 이런 견해에 대해 반대의 것을 믿는 것은 사람을 혼란에 빠트릴 가능성이 큰 관점을 취하는 것이다. 이는, 그것이 암시하는 바에서, 경쟁력을 얻고자하는 모든 동기를, 성취에 대한 모든 관심을, 그리고 후대에 대한 모든 배려를 제거하는 것이다.

구조 해설

① That achievement is at bottom empty? : that은 지시형용사가 아니라 앞 문장의 동사 mean 에 이어지는 목적어절을 이끄는 접속사이다.

② That the efforts of men and women are of no significance alongside the force of movements and events : that 은 지시형용사가 아니라, 앞 문장의 동사 mean 에 이어지는 목적어절을 이끄는 접속사이다.

③ nor all ambition worth cultivating. : nor 다음에는 is 가 생략되어 있으며 be worth ~ing 구조에서 nor 라는 부정접속사가 절의 앞으로 나갔기 때문에 의문문의 구조로 도치되며, 동일한 술어동사를 생략할 수 있다는 규칙에 의거하여 be 를 생략한 것이다.

④ Which are and which are not : are 과 are not 다음에 생략된 말은 worth esteeming 혹은 worth cultivating 이며, 이것이 전체문장에서 주어절을 이끄는 명사절이다.

⑤ one soon enough learns on one's own. : 관계사절로 앞에 있는 something 을 수식하고 있으며, one 은 일반인 주어이고, soon enough 에서 enough 는 앞의 시간부사 soon 을 수식하고 있다. on one's own 은 '혼자 힘으로, 스스로' 라는 의미를 갖는다.

⑥ the most cynical : the + 형용사 = 복수보통명사 라는 규칙에 의거하여 복수 주어이다.

⑦ It is in its implications, to remove : be to 용법 사이에 in its implications 가 삽입되어져있다. implications 는 함축, 시사, 의미 라고 볼 수도 있지만 영향력으로 해석될 수도 있다.

017

Life from hand to mouth leads to nowhere
풍작은 잉여와 정착의 어머니

Everyone eats | Eugene Newton Anderson

A Chinese proverb says, "When you are dying of thirst, it's too late to dig a well." Carl Sauer argued long ago that starving people have no time, energy, or resources; they cannot invent agriculture or develop new crops(Sauer 1952). He proposed that agriculture ❶ **must have started** among reasonably affluent, settled people. This may or may not be so, but at least we can be sure it did not start among ❷ **the truly desperate**. Hunters and gatherers are not as impoverished as many writers still imply. When they do face want, they usually move, a strategy that makes farming even less attractive than ❸ **it is** in good times. Thus farming probably started among people who had enough food; they presumably wanted to produce their favorite foods ❹ **closer to home**.

패턴과 어휘

- affluent 풍요로운
- desperate 절망적인
- impoverish 가난하게 하다
- presumably 감히 생각하건대
- proverb 속담
- well 우물

중국의 한 속담은, "목이 말라 죽어가고 있을 때, 우물을 파는 것은 너무 늦다,"고 말한다. 오래 전 Carl Sauer는 굶주리고 있는 사람들은 시간, 에너지, 혹은 자원이 없다고 주장했다. 이들 굶주리고 있는 사람들은 농업을 생각해 내거나 혹은 새로운 작물을 개발할 수 없다. 그는, 농업은 상당히 풍요로운 정착민들 사이에서 시작되었음이 분명하다고 의견을 냈다. 이것은 그럴 수도 혹은 그렇지 않을 수도 있지만, 적어도 농업이 정말로 절망적인 사람들 사이에서 시작되지는 않았다는 것은 확실하다. 사냥꾼들과 채집자들은, 많은 저자들이 여전히 암시하는 것만큼, 궁핍하지 않다. 그들이 곤궁함에 직면할 때, 보통 움직이는데, **그것이 좋은 시절 그런 것 보다도 농업을 훨씬 덜 매력적으로 보이게 만들고 마는 행동 전략이다.** 따라서 농업은 아마도 충분한 식량을 가지고 있던 사람들 사이에서 시작되었을 것이다. 생각건대, 그들은 아마도 자신들이 선호하는 음식을 **집에서 더 가까운 곳에서** 생산하길 원했을 것이다.

구조 해설

1. must have started : '~했음에 틀림없다'
2. the truly desperate : the + 형용사 → 복수보통명사 '진정으로 절망적인 사람들'
3. it is : 다음에 생략된 말은 'attractive'
4. closer to home : 부사적으로 사용된 말로서 동사 produce 를 수식한다.

018

Extracts can sometimes work
때로는 요약설명이 훌륭한 학습동기를 만듭니다

Literature in the language classroom | Joanne Collie

"But if we don't read the whole book together, how can I be sure my students really know it well?"

It is true that ❶ **concentrating on some selected highlights** constitutes a form of sampling that does not guarantee an overall grasp of the whole work. But then does any method ever do that? Even if teachers read through and explain every single word of a shorter text in class, can they be sure that what has undoubtedly been taught has also been learnt?

We feel that if we choose extracts carefully and present them through enjoyable group activities, our students have more chance of gaining true familiarity with any work as a whole. After all, such an approach replicates the experience of reading a long text in our own language. We may well read it from beginning to end, but it will not exist as a chronological entity in our minds. Our memory will impose its own overview, lingering upon some aspects rather than others, telescoping events, organizing new configurations. It is natural to think and talk about a complex book in terms of

패턴과 어휘

- as a whole 전체적으로, 대체로
- a chronological entity 시간적 실체
- configuration 형태
- constitute + 명사 ~을 구성하다
- extract 추출하다, 추출물
- familiarity with ~와의 친숙성
- linger 남다, 오래 머물다
- may well + 동사원형 ~할지도 모른다
- an overall grasp 총체적 이해
- overview 개괄, 전체적으로 훑어보다
- replicate 반복하다, 되짚다, 복제하다
- telescope 망원경, 멀리 있는 것을 보다

하지만 우리가 그 전체의 책을 함께 읽지 않는다면, 내가 어떻게 내 학생들이 그것을 제대로 알고 있다고 확신할 수 있겠는가?

선별된 강조 부분에 집중하는 것이 전체 작품에 대한 총체적 이해를 보장해 주지 못하는 견본 추출의 형태를 구성한다는 것은 사실이다. 하지만 과연 어떤 방법이 그런 것(작품 전체에 대한 총체적 이해를 담보해 주는 것)을 할 수 있을까? 설령 선생님들이 통독(처음부터 끝까지 다 읽고)을 하고 수업에서 단축본의 모든 단어를 다 설명해 준다 하더라도, 과연 선생님들은, 명백하게 가르쳐진 것이 또한 배워졌다고 확신할 수 있겠는가?

만약 발췌 부분을 신중하게 고른 후 이를 흥미로운 집단 활동을 통해 제시한다면, 학생들은 어떤 작품이라도 작품 전체와 진정 친숙하게 되는 기회를 더 많이 갖게 될 것이라고 우리는 느낀다. 결국, 이런 접근법은 긴 텍스트를 각자의 모국어로 읽을 때의 경험을 되풀이하는 셈이다. 우리는 텍스트를 처음부터 끝까지 읽을지도 모르지만, 그것이 우리 마음에 시간적인 하나의 실체로서 남게 되는 것은 아니다. 우리의 기억은 자기 식의 개괄방식을 부여(적용)하면서, 다른 부분보다 어떤 부분에서 오래 머물기도 하고, 사건들을 단축시키기도 하고, 새로운 형태를 구성하기도 한다. 독자들로서 우리에게 강조되는 측면으로 복잡한

구조 해설

❶ concentrating on some selected highlights : 동명사 주어

018

Extracts can sometimes work
때로는 요약설명이 훌륭한 학습동기를 만듭니다

Literature in the language classroom | Joanne Collie

its highlights for us as readers, and this is in effect what we are asking our students to do. Nevertheless, we hope that the kind of tasks ❶ **we have suggested** will help learners draw together ❷ **the many strands** that constitute their awareness of what an author has achieved in any particular book.

패턴과 어휘

- in effect 사실상
- strand 가닥

책에 대해 생각하고 말하는 것은 자연스런 일이고, 이것이 **사실상** 우리가 학생들이 해주길 요구하는 것이기도 하다. 그럼에도 불구하고, 우리는 **우리가 제안한** 이런 종류의 작업이 배우는 사람들이, 저자가 어떤 특별한 책에서 성취한 것에 대한 그들의 인식을 구성해주는 **많은 단초**들을 함께 끌어내는데 도움을 줄 것이라고 희망한다.

구조 해설

① we have suggested : 관계사절로 앞의 the kind of tasks 를 수식

② the many strands : 앞에 있는 동사 draw 의 목적어, 중간에 부사 together 이 들어가서 타동사와 목적어가 벌어지게 되었음.

019

Don't take my baby away!
엄마 품이 최고였어요!

Touch | Tiffany Field

Touch deprivation also delays growth. Dr. Saul Schanberg of Duke University Medical School has conducted many animal studies on this. Most of Dr. Schanberg's research has been conducted with mother rats and their pups. Rats happen to be very good analogical subjects for growth in humans because both rats and people have similar responses to deprivation and stimulation. Dr. Schanberg noticed that when rat pups are deprived of their mothers, they experience a significant decline in growth hormone and ornithine decarboxylase (ODC), which is part of the protein synthesis chain and important for proper functioning of the immune system. Decreases in ODC, resulting in a weakened immune system, are noted in the brain, heart, liver, and virtually every organ of the body following separation, but ❶ **returning the rat pups to their mothers** reverses the decline.

Dr. Schanberg noticed these declines but could not figure out what was causing them. He and his colleagues knew the answer was related to something ❷ **the mother rat was doing to the pups**, but they did not know what that was

---

패턴과 어휘

- analogical subject   유추할 수 있는 대상
- decarboxylase   탈탄산제
- immune system   면역체계
- ornithine   아미노산의 일종
- protein synthesis chain   단백질 합성사슬
- rat pups   쥐의 새끼들
- reverse   거꾸로 돌리다
- touch deprivation   접촉 박탈

접촉의 결여가 또한 성장을 지연시킨다. Duke 의과대학의 Saul Schanberg 박사는 이것에 관한 많은 동물 실험을 했다. Schanberg 박사의 연구의 대부분은 어미 쥐와 그들의 새끼들에 대해서 행해졌다. 쥐들은 인간성장에 대한 훌륭한 유추 실험 대상이다. 왜냐하면 쥐와 인간은 둘 다 박탈과 자극에 대해 유사한 반응을 가지고 있기 때문이다. Schanberg 박사는 새끼 쥐들이 어미 쥐를 빼앗겼을 때, 그들은 성장 호르몬과, 단백질 합성 사슬의 일부이자 면역체계의 적절한 기능에 중요한 오르니틴 탈탄효소(ODC)가 크게 줄어드는 것을 겪는 것을 알게 되었다. 약해진 면역 체계를 초래하는 ODC의 감소는, (어미 쥐로부터의)분리 후에 두뇌, 심장, 간, 그리고 거의 모든 신체 기관에서 두드러지지만, **어미에게로 새끼 쥐를 되돌려주면** 그 감소가 역전된다.

  Schanberg 박사는 이러한 감소들을 알았지만 그것들을 초래한 원인이 무엇인지는 알 수 없었다. 그와 그의 동료들은 그 해답이 **어미 쥐가 새끼 쥐에게 하는 어떤 행위**와 관련이 있다는 것을 알았다. 하지만, Schanberg 박사의 대학원생

구조 해설

❶ returning the rat pups to their mothers : 동명사 주어

❷ the mother rat was doing to the pups : 앞의 something 을 수식해주는 관계사절

019

Don't take my baby away!
엄마 품이 최고였어요!

Touch | Tiffany Field

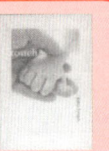

until, during Dr. Schanberg's absence to attend a conference, one of his graduate students sat observing the mother rat and her pups day and night and was able to figure out exactly what the mother was doing to the pups. He raced out of the lab with a "Eureka" scream, and came back with a little paint brush in his hand.

He proceeded to dip this paint brush into water and "lick" the pups deprived of their mothers by stroking his brush on them in a regular, even rhythm, to reverse the effects of maternal deprivation. When Dr.Schanberg and his students later tried mimicking what they observed mother rats doing (carrying the pups around, tail-pinching, and tongue-licking), only the tongue-licking returned the deprived rat pups to a normal state.

패턴과 어휘

- dip   담그다
- "Eureka" scream
  깨달음의 발견을 했을 때 내는 소리
- even rhythm   고른 리듬, 일정한 리듬
- maternal deprivation   어미의 박탈
- mimic   흉내내다
- tail pinching   꼬리 꼬집기

중 한 명이, 박사가 회의 참석차 부재중일 때, 밤낮을 가리지 않고 어미 쥐와 새끼 쥐를 관찰하면서 앉아 있다가 어미 쥐가 새끼 쥐에게 한 것이 정확히 무엇인지 이해할 수 있게 되고서야 비로소 그들은 그것이 무엇인지 알았다. 그는 "알았다" 고 외치며, 실험실 밖으로 달려 나가서, 작은 물감용 붓을 손에 쥐고 돌아왔다.

  그는 이어서 이 붓을 물속에 담근 다음에, 모성 박탈의 영향을 되돌리기 위해서 규칙적인 리듬으로 붓으로 쓰다듬어주는 방식으로 어미를 빼앗긴 새끼들을 "핥아주기"를 시작했다. 후에 Schanberg 박사와 그의 학생들은 그들이 관찰했던 어미 쥐가 하던 것(새끼를 나르기, 꼬리 붙잡기, 혀로 핥기)을 흉내를 내보았는데, 오직 혀로 핥아 주는 것만이 어미를 빼앗긴 새끼 쥐를 정상적 상태로 되돌려 놓았다.

020

Biology is the constant
생물학이 변수가 아니지만...

Anthropology | Stanley Barrett

We might say biology versus culture, race versus culture, heredity versus culture, heredity versus environment, and gene versus symbol. Whereas general anthropology combines both nature and culture in its conceptual framework, social and cultural anthropologists like myself are concerned with human beliefs and behaviour that are not explicable in terms of biology. The basic assumption in sociocultural anthropology is that the range of variation in human belief and behaviour cannot be explained by or reduced to biology. This does not mean that we deny that biology has any influence on social life; ❶ **to do so would be ridiculous.** ❷ **What it does mean** is that we treat our biological make-up as a constant, and attempt to explain the range of social and cultural variation that is not reducible to biology. Consider the family and marriage. We know that there are several different types of family (for example, the nuclear family and the extended family), and several types of marriage (for example, monogamy, polyandry, and polygyny). The argument in sociocultural anthropology is that such variation cannot be explained by biology. Actually, this merely confirms the importance of a fundamental principle of logic: a constant cannot explain variation, ❸ **the constant in this case being biology.**

우리는 생물학 대 문화, 종족 대 문화, 유전 대 문화, 유전 대 환경, 그리고 유전 대 상징이라는 말을 할 수도 있다. 일반 인류학이 그것의 개념적 틀 안에다가 자연과 문화를 결합시키는 반면에, 나와 같은 사회문화 인류학자들은 생물학적 관점으로는 설명할 수 없는 인간의 신념과 행동에 관심을 갖는다. 사회문화 인류학에 있어서 기본적 가정은 인간의 신앙과 행동에 있어서 변수의 범위는 생물학에 의해 설명될 수 없고 생물학으로 환원될 수도 없다는 것이다. 이것은 우리가 생물학이 우리의 사회적 삶에 어떤 영향을 끼친다는 것을 우리가 부인한다는 것을 의미하는 것이 아니다. 만약 그렇게 한다면 그것은 터무니 없은 일일 것이다. 그것이 의미하는 것은 우리(사회문화 인류학자들)가 생물학적 구성을 하나의 상수로 처리하고, 생물학으로 환원될 수 없는 사회문화적 변수의 범위에 대한 설명을 시도한다는 것이다. 가족과 결혼을 생각해보자. 우리는 다양한 유형의 가족(예를 들어, 핵가족, 대가족), 그리고 다양한 유형의 결혼 (예를 들어, 일부일처, 일처다부, 일부다처)이 있다는 사실을 안다. 사회문화인류학의 주장은 이런 변수는 생물학에 의해서 설명될 수 없다는 것이다. 실제로, 이는 단지 논리학의 근본 원리의 중요성을 확인하는 것일 뿐인데, 그 원리는 상수가 변수를 설명할 수 없다는 것이고, 이러한 경우에 상수는 생물학이 된다.

패턴과 어휘

- be concerned with ~에 관심이 있다
- be reduced to ~로 환원되다
- constant 상수
- explicable 설명될 수 있는
- heredity 유전
- conceptual framework 개념적 틀
- make-up 구성, 틀
- monogamy 일부일처
- polyandry 일처다부
- polygyny 일부다처
- whereas 뒤에 두 개의 절을 연결하며 접속사로 사용된다. '반면에'

구조 해설

❶ to do so would be ridiculous. : to do so 가 주어이며 반대로 가정한 내용이다.

❷ What it does mean : 주어부이며 does 는 강조의 조동사

❸ the constant in this case being biology. : 주어가 서로 다른 분사구문, the constant 가 주어, 술어동사는 is, 보어는 biology 이다. 분사구문이 되면서 being 이 되었다.

021

What Egypt needed to import
나무와 상아와 금을 파라오에게...

World Civilizations | Philip J. Adler

As a wealthy land, Egypt needed few imports. But there were some items Egyptians ❶ **did need to** import, and trade provided rare items whose monopoly was an important pillar of the monarchy. Wood was hard to find in a land where every acre of arable land was needed for agriculture, so large-scale projects like palaces, pyramids, and temples required the importation of timber. As early as the Old Kingdom, the pharaohs spent a great deal of time building trade, especially with timber-rich Byblos in Phoenicia, which provided valuable cedar. To the south, successive pharaohs sent expeditions into Nubia to obtain ivory and gold. ❷ **Known to the Egyptians as** the "Land of the Bowmen," Nubia also provided slaves whom Egypt's generals employed in special auxiliary units of archers in the pharaohs' powerful armies.

패턴과 어휘

- archer 궁수
- arable land 경작가능한 땅
- bowmen 궁수
- cedar 삼나무
- expedition 탐험대
- import 수입하다, 수입품
- ivory 상아
- monarchy 군주
- monopoly 독점
- pillar 기둥
- rare item 희귀한 품목
- special auxiliary unit 특별 보조 부대
- successive 연속적인, 계승적인
- timber 목재
- timber-rich 목재가 풍부한

풍요로운 땅으로서, 고대 이집트는 수입품을 거의 필요로 하지 않았다. 그러나 이집트 사람들에게도 수입할 필요가 절실했던 물건들이 몇 가지 있었고, 교역은 희귀한 물품들을 제공했는데 그에 대한 독점권은 군주 국가의 중대한 기둥 역할을 했다. 농사를 위해 필요했던 경작할 수 있는 모든 땅에서, 나무를 구하기는 어려웠기에, 왕궁, 피라미드, 그리고 사원과 같은 대규모 프로젝트는 목재의 수입을 필요로 했다. 일찍이 고대 왕국 시대에 파라오들은 많은 시간을 교역을 구축하는 일에 보내었는데, 특히 귀한 삼목을 공급했던 페니키아의 목재가 풍부한 Byblos와의 교역이 그러했다. 남쪽으로는, 왕위를 이은 파라오들이 상아와 금을 얻기 위해 Nubia로 원정대를 파견했다. **이집트인들에게 "활잡이들의 나라"라고 알려진** Nubia는 또한 이집트 장군들이 파라오의 강력한 군대에 있는 특별 궁수부대에서 고용했던 노예들을 공급하기도 했다.

구조 해설

❶ did need to : needed to 를 강조하기 위해 did need

❷ Known to the Egyptians : 앞에 being 이 생략된 분사구문

022

How to start to define culture
행동문화 VS 지식문화

Ethnography | David M. Fetterman

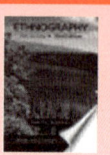

Culture is the broadest ethnographic concept. Definitions of culture typically espouse either a materialist or an ideational perspective. The classic materialist interpretation of culture focuses on behavior. In this view, culture is the sum of a social group's observable patterns of behavior, customs, and way of life. The most popular ideational definition of culture is the cognitive definition. According to the cognitive approach, culture comprises the ideas, beliefs, and knowledge that characterize a particular group of people. This second— and currently most popular—definition specifically excludes behavior. Obviously, ethnographers need to know about both cultural behavior and cultural knowledge to describe a culture or subculture adequately. Although neither definition is sufficient, ❶ **each offers the ethnographer a starting point and a perspective** ❷ **from which to approach the group under study**. For example, adopting a cognitive definition of culture ❸ **would** orient the ethnographer toward linguistic data: daily discourse. ❹ **A**

패턴과 어휘

- cognitive   인지적인
- comprise + 명   ~을 구성요소로 가지다
- discourse   대화, 담화
- espouse + 명   ~을 지지하다, 편들다
- ethnographer   민족학자
- ethnographic concept   민족학적 개념
- exclude + 명   ~을 배제하다
- ideational   관념적인
- materialist   유물론자
- orient + 명사   ~의 방향을 설정하다
- subculture   하위문화
- sufficient   충분한

문화는 가장 넓은 민족학 개념이다. 문화에 대한 정의는 전형적으로 유물론적인 관점과 관념론적 관점 중 하나를 지지한다. 문화에 대한 고전적인 유물론적 해석은 행동에 초점을 맞춘다. 이 관점에서는, 문화는 한 사회집단의 행위, 관습, 그리고 생활 방식들의 관찰 가능한 유형들의 총체이다. 가장 유명한 문화의 관념적 정의는 인지적 정의다. 인지적 접근법에 따르자면, 문화는 특정한 인간집단(민족)을 특징 지어주는 사상, 신앙, 그리고 지식을 포괄한다(구성되어진다). 이러한 두 번째이자 현재 널리 보급되어 있는 정의는 행동을 배제한다. 명백히, 민족학자들은, 하나의 문화 또는 하위문화를 적절히 기술하기 위해, 문화적 행동과 문화적 지식 모두에 대해 알아야 할 필요가 있다. 비록 두 가지 정의가 모두 충분치 않지만, 각각은 민족문화학자들에게 연구 대상인 집단에 접근할 수 있는 시발점과 관점을 제공한다. 예를 들어, 문화의 인지적 정의를 수용한다면 그것은 민족학자를 언어적 자료 즉, 일상적 대화 쪽으로 방향을 잡게 할 것이다. 인지

구조 해설

① **each offers the ethnographer a starting point and a perspective**: 주어 each 는 두 개의 목적어를 갖는 offers 를 술어동사로 가지고 각각의 목적어는 the ethnographer 와 a starting point and a perspective 이다.

② **from which to approach the group under study**: 전치사 from 의 목적어가 앞의 두 명사 a starting point 와 a perspective 인데 이 전치사가 to 부정사구의 뒤쪽에 놓여서 수식어와 피수식어의 거리가 멀어지므로 전치사를 부정사 앞으로 데려오고 관계대명사를 써서 어순을 바꾸어 주었다. 이 경우, 부정사구 속에서 전치사의 목적어가 앞의 피수식어가 된다. 예를 들어, a chair to sit on 과 같은 경우인데 여기서는 부정사구의 길이가 짧으므로 굳이 전치사 on 을 앞으로 뽑아서 a chair on which to sit 이라고 할 강력한 필요성은 없다. 하지만 주어진 구조에서는 a starting point and a perspective from which to approach the group under study 라고 하지 않으면 from 을 제일 뒤로 뽑아야 하므로, a starting point and a perspective to approach the group under study from 이와 같은 형태가 되어 from의 목적어인 a starting point and a perspective 와 너무 멀어지게 되므로, 전치사를 to 앞으로 데려오고 관계대명사를 쓰는 구조를 택하는 것이 좋은 글이다.

③ **would orient**: adopting 이하의 동명사 주어가 가정되어 있으므로 조동사 would 를 쓴다.

022

How to start to define culture
행동문화 VS 지식문화

Ethnography | David M. Fetterman

cognitive ethnographer would ask members of the social group how they define their reality, what the subcategories of their existence are, and what their symbols mean. This cognitive researcher might create taxonomies to distinguish among levels and categories of meaning.

패턴과 어휘

- taxonomy   분류학 체계

민족학자라면 그는 사회구성원에게 그들이 어떻게 그들의 현실을 정의하는지, 그들 존재의 하부범주는 무엇인지, 그리고 그들의 상징물이 무엇인지를 **물을 것이다.** 이 인지 연구자는**,** 의미의 수준과 의미의 범주들 가운데서 각각을 구별하기 위해**, 분류학 체계**를 만들지도 모른다.

구조 해설

❹ A cognitive ethnographer would ask : A cognitive ethnographer 가 역시 가정된 주어이므로, 조동사 would 를 사용한다.

023 Empathic response is all
타인의 고통에 진실로 공감하라

Communication skills for working with elders | B.B.Dreher

Basic to an empathic exchange is respect. The distressed person needs to believe that the listener really wants to understand and will maintain privacy, withhold judgment, and reserve advice for the ripe moment. There is a great deal of literature on empathic listening, but ❶ **since interactions are two-way**, it is important to be aware of empathic responding. Comments should be brief, concrete, direct, and jargon-free. Tone and inflections should promote sharing and be fully congruent with body language. Saying, "Of course, I'm concerned," in an angry way, while thumbing through a stack of papers, presents too many interpretations and squelches sharing. Asking for clarification and checking perceptions are good moves. Perhaps the best responses are reflective—a simple reiteration or rephrasing of the speaker's current emotions, perceptions, and plans. Respect for people includes ❷ **faith that, given time, they can find solutions for themselves**.

패턴과 어휘

- be congruent with ~와 동일하다, ~와 알맞다	- interaction 상호작용
- clarification 명확해짐	- jargon-free 전문어나 비속어가 없는
- concrete 구체적인	- reflective 사색적인, 반사하는
- distressed 괴로운	- reiteration 반복해서 말함
- empathic 공감적인	- rephrase 다른 방식으로 말하다
- exchange 교환하다	- reserve 유보하다, 예약하다
- a great deal of literature 엄청나게 많은 문헌	- squelch 쩍쩍 달라붙다, 진압하다, 막아내다
	- thumb through 손가락으로 대충 넘기며 읽다
- inflection 어형변화	- withhold 유보하다, 참다

존중은 공감을 형성하는 상호작용의 기초가 된다. 고통 받고 있는 사람은 상대방이, 진심으로 자신을 이해하길 원하며 사생활을 지켜줄 것이며, 판단을 보류하고, 적절한 때가 올 때까지 충고를 아껴둘 것이라고 믿을 필요가 있다. 공감적 귀기울이기에 관한 많은 문헌이 있지만, 상호작용이라는 것은 쌍방향적이기 때문에, 공감형성을 위한 '반응하기'가 있다는 것을 아는 것이 중요하다. 말은 간결하고, 구체적이고, 직접적이고, 평이해야(전문어나 은어, 사투리 등이 없는) 한다. 말의 톤과 어조는 공감을 가져와야 하며 몸짓과 완전히 일치해야 한다. 서류 다발을 손가락으로 넘겨 훑으며, 화난 어투로 "물론 난 (널) 걱정하지."라고 말하는 것은, 여러 가지 의미를 전달할 수 있고 공감형성을 방해한다. 명확함에 대한 요구 또는 알아 들었는지 에 대한 검사는 좋은 반응이다. 아마도 최선의 반응은 '반사적'인 것이다. 즉, 화자의 현재 감정과 인식과 계획을 단순히 따라 말하거나 바꿔 말하는 것을 말한다. 인간에 대한 존중은, 시간이 주어진다면, 그들이 스스로 해결책을 찾아낼 수 있을 것이라는 믿음을 포함한다.

구조 해설

1. since interactions are two-way, : 여기서 since 절은 상식적인 원인이나 이유를 유도

2. faith that, given time, they can find solutions for themselves : faith 뒤의 that 절은 앞에 있는 명사의 내용을 설명하는 동격의 명사절

024

How to deal with depressions
우울증에 대처하는 법

Manage your mind | Gillian Butler

Winston Churchill suffered from recurrent, short-lived depressions. He gave them a name: the black dog, a name that had been used by Samuel Johnson before him, and has been used by many others ❶ **since**. Labeling the depression helped him to cope with it and to accept it, knowing that in due course it would go away. Such labeling helps to domesticate the depression so that it becomes, ❷ **if not a friend**, at least an enemy you know and for which, perhaps, you even feel some affection.

When relatively short-lived, recurrent depressions attack you, it may be best to wall them off—to limit or contain them. Then they will take the shortest course. Say to yourself, "Ah, it's my depression again. It will pass away soon ❸ **as it always does**; I've just got to keep going." This is especially helpful for people who tend to get depressed about getting depressed, which is a very common problem and adds insult to injury.

A similar technique is used in mindful meditation. Such meditation encourages continual awareness of the present. Your moods and feelings are recognized, acknowledged, and accepted. In mindful meditation, your feelings of depression would be quietly acknowledged. It would be as if you nodded

패턴과 어휘

- affection   애정
- depression   우울증
- meditation   명상
- recurrent   반복해서 발생하는
- wall off + 명사   ~에 벽을 쳐서 막다

Winston Churchill은 **반복해서 일어나는**, 일시적인 **우울증**으로 인해 고통을 받았다. 그는 그 우울증들에 이름을 붙였다. 즉, 그 이전에는 Samuel Johnson에 의해 사용되었고, **그 이후로** 많은 이들에 의해 사용되어온 black dog 이라고. 우울증에 명칭을 붙이는 것은**,** 때가 되면 그것이 사라질 것이라는 것을 알고 있었기에, 그가 우울증에 대처하고 그것을 받아들이는 것을 도와주었다. 이러한, 이름 붙여 분류하기는**, 우울증이 친구는 아니더라도**, 적어도 당신이 알고 있는, 그리고 아마도, 그것에게 심지어 약간의 **애정**까지 느끼게 되는 적이 될 수 있도록, 우울증을 길들이는 것을 도와준다.

　　비교적 일시적이고, 반복해서 일어나는 우울증들이 당신을 공격할 때, **그것들을 에워싸는 것**, 즉 그것들을 제한하거나 가두어 두는 것이, 최선일지도 모른다. 그러면 그것들은 가장 짧은 경로를 택할 것이다(즉, 금방 지나가게 될 것이다). 스스로에게 말해라, "아, 또 나의 우울증이구나. 그것은 **언제나 그러는 것처럼** 빨리 지나갈 거야. 나는 단지 하던 대로만 하면 되는 거야." 이것은 특별히 우울증 때문에 우울해지는 경향이 있는 사람들에게 유용한데, 그러는 경향은 아주 흔한 문제이며 상처에 모욕감을 더해준다(일을 더 꼬이게 만드는 것이다).

　　유사한 기술이 의식적인 **명상**에서도 사용된다. 이러한 명상은 현재에 대한 계속적인 자각을 격려한다. 당신의 감정과 기분이 인식되고, 인정되며, 받아들여진다. 의식적인 명상 속에서, 너의 우울한 기분은 조용히 인식이 될 것이다. 그것

구조 해설

❶ since : 뒤에 '그 이후' 라는 의미로 him 이나 he used it 이 생략됨

❷ if not a friend, : 두 개의 커머 사이에 if not 구조를 넣으면 양보적으로 해석. 즉, '설령 ~는 아니라 해도'

❸ as it always does : 여기서 접속사 as 는 '~하듯이, 이듯이' 라고 해석

024

How to deal with depressions
우울증에 대처하는 법

Manage your mind | Gillian Butler

acquaintance with your feelings, but your being would not be absorbed by the depression, or by regrets about the past or hopelessness about the future. Rather than being wholly dominated by depression, the aim is to become aware of depression but from a stance which is at one remove, and which helps to keep present feelings in perspective.

패턴과 어휘

- at one remove 한 걸음 떨어진, 떨어져서
- dominate + 명사 지배하다
- in perspective 균형잡힌 시각으로
- stance 자세
- wholly 전체적으로

은 마치 당신이 당신의 기분에 고개를 끄덕여 인정하는 것과 유사하겠지만, 당신의 존재는 그 우울함이나, 과거에 대한 후회 혹은 미래에 대한 무력함에 의해 흡수되지 않을 것이다. 우울증에 완전히 지배당하기보다, 목표는 한 발자국 떨어지고, 균형 잡힌 시야로 현재의 기분을 유지하도록 도와주는 단지 그런 자세에서 우울증을 인식하는 것이다.

· Samuel Johnson (1709-1784) : 영국의 시인, 평론가
· Winston Churchill (1874-1965) : 영국의 정치가

025

Listen to what people say
통치도 못하면서 국민의 소리도 잘 못듣는군

Humanity's Agreement to Live Together | J. Kirk Boyd

Recognition of the right to freedom for the environment also advances our freedom of speech. For the most part, freedom of speech gives us the right to comment about what is occurring in government, but not necessarily the right to participate in policy decisions. Environmental rights, however, typically include the right of public participation in the decision-making process ❶ regarding projects that can have a substantial effect on the environment. At the very least, environmental rights ensure the opportunity to appear and to put important scientific information into the record so that policymakers must be transparent in their decisions and cannot ignore science. This aspect of freedom for the environment is essential. Even though the public has relinquished power to govern ❷ to those in government, it makes sense that for momentous decisions that impact people's daily lives and well-being, ❸ the public retains the opportunity to contribute to the decision-making process.

패턴과 어휘

- advance 진보, 진보하다, 진보시키다
- for the most part 대부분의 경우
- have a substantial effect on ~에 중대한 영향을 끼치다
- momentous 중요한
- regard + 명사 ~을 연관시키다
- relinquish A to B A를 B에게 양도하다
- retain + 명사 ~을 유지하다
- transparent 투명한

환경에 대한 자유권의 인식은 또한 우리의 언론 자유를 발전시킨다. 대부분, 언론의 자유는 우리들에게 정부에서 무슨 일이 일어나고 있는지에 대해 논할 권리를 주는데, 그러나 그것은 꼭 정책 결정에 참여해야 할 권리는 아니다. 그러나, 환경적인 권리는 전형적으로 **환경에 대한 실질적인 영향을** 줄 수 있는 **프로젝트에 관해서**, 그 의사결정 과정에 대한 공공 참여의 권리를 포함한다. 적어도, 환경권은, 정책입안자들이 그들의 결정과정에서 투명하고 과학을 무시하지 않도록, 나타나서 중요한 과학적인 정보들을 기록할 기회를 보장한다. 환경에 대한 이런 자유의 측면은 필수적이다. 비록 대중들이 **정부 관료들에게** 통치력을 양도해왔을지라도, 사람들의 일상과 행복에 영향을 주는 중대한 결정을 위해, **대중들이** 의사결정 과정에 공헌할 기회를 유지한다는 것은 합리적인 것이다.

구조 해설

1. regarding projects that can have a substantial effect on the environment : 분사가 앞의 명사 process 를 뒤에서 꾸며주고 있음
2. to those in government : relinquish A to B 구조에서 to B 에 해당하는 구조임. 정부에 있는 사람들. 즉, 공무원들을 말함
3. the public retains : it makes sense 에서 it 이 형식주어 that 절 이하가 실질적 주어인데 그 절의 주어, 술어임

026

Homemade or Factory-made?
집밥과 비슷해요!

The end of food | Paul Roberts

Food additives, and food engineering generally, have allowed companies to dramatically simplify what was once a very complex process—cooking—and thus gain a considerable measure of control over costs. In homemade foods (or classic food, in industry parlance), attributes like flavor and texture all depend on traditional and very specific ingredients and cooking procedures: a traditional apple pie, for example, can be made only from apples, sugar, butter, flour, shortening, salt, and spices, and baked only in an oven—requirements that are very costly to replicate en masse in a factory setting and from industrially available materials. By contrast, in the re-engineered version of an apple pie, or any food product, a company is free to create flavors and textures ❶ **by whatever ingredients and processes give consumers an acceptable food experience** while also meeting the company's cost and operational imperatives. And although some consumers object

---

패턴과 어휘

- attributes   특질
- cooking procedure   조리 과정
- en masse   전체적으로, 대량으로
- flavor and texture
  맛과 조직(감) → 여기서는 식감
- flour   밀가루
- ingredients   성분
- a measure of control over
  ~에 대한 상당한 통제

- meet operational imperatives
  운영상의 필수 요건들을 충족시키다
- parlance   전문적 용어
- replicate + 명사   복제하다
- requirements   전제조건
- shortening   지방질 100% 인 식물성 기름
- simplify + 명사   ~을 단순화하다

식품 첨가물들과 식품 공학은 일반적으로, 회사들이 한때는 아주 복잡한 과정이었던 요리하기를 극적으로 단순화시키고 그럼으로써 비용에 대한 상당한 통제를 가지도록 허용해 주었다. 집에서 만든 음식들(혹은 산업적인 용어로 고전적인 음식)에서, 맛과 식감이라는 특성들은 모두 전통적이고 아주 특별한 식재료들과 요리 절차에 달려있다. 예를 들면, 전통적인 애플파이는 사과, 설탕, 버터, 밀가루, 쇼트닝, 소금, 향신료들로부터만 만들어질 수 있고, 오븐에서만 구워질 수 있는데, 이는 공장이라는 환경에서 그리고 산업적으로 사용 가능한 재료들로부터 대량으로 복제해내기에는 아주 값비싼 요구 조건들이다. 이와 대조적으로, 애플파이 혹은 어떤 식품의 다시 가동된 형태에서는, 회사가 그 회사의 비용이나 운영상의 필수요건들을 만족시키면서, 고객에게 수용될 만한 취식 경험을 주는 어떤 식재료나 가공과정을 수단으로 하여 맛이나 식감을 자유롭게 만들어낸다. 그리

구조 해설

❶ by whatever ingredients and processes give consumers an acceptable food experience : whatever ingredients and processes 는 이 절의 주어이자 바로 앞의 전치사 by 의 목적어절을 유도함

026

Homemade or Factory-made?
집밥과 비슷해요!

The end of food | Paul Roberts

strenuously to artificial flavors, many of us have become ❶ **so accustomed to the synthetic version that we actually prefer it to the original**.

Benzaldehyde, which creates cherry flavor, is now more familiar than natural cherry, while the compound diacetyl became "butter" for many consumers of microwave popcorn—that is, before it was taken off the market in mid-2007 ❷**as a possible cause of lung disease**.

In fact, because food engineering and ingredient substitution are such routine practices and because consumers seem increasingly willing to accept synthetic and processed products, companies have removed a large measure of the risk from food.

패턴과 어휘

- compound   복합물, 혼합물
- ingredients   성분
- routine practice   일반적인 관행
- strenuously   심하게
- synthetic version   합성으로 만든 형태나 방식

고 비록 어떤 소비자들이 인공적인 맛에 심하게 반대하더라도, 우리들 중 많은 이들은 그 합성식품에 매우 익숙해져서 실제로 원래의 것보다 그것을 선호한다.

Benzaldehyde(체리맛을 내는 물질)는 체리 맛을 만들어내는데, 이제는 천연 체리보다 더 친숙하다. 한편 합성 디아세틸은 전자레인지용 팝콘의 많은 소비자들에게 "버터"가 되었는데, 첨언하면, 폐질환의 가능성으로 인해 2007년 중반에 시장에서 회수되기 전까지 그랬다.

사실상, 식품 공학과 식재료의 대체가 상당히 일반적인 관행이며 소비자들이 합성적이고 가공된 제품들을 점점 기꺼이 받아들이는 것 같기 때문에, 회사들은 (자신들이 생산하는) 음식으로부터 생기는 상당한 양의 위험을 없앴다.

구조 해설

① so accustomed to the synthetic version that we actually prefer it to the original : so + 형용사 + that 절 → '매우 ~해서 ~할 정도이다'

② as a possible cause of lung disease : '~로서' 라는 자격을 의미하는 전치사 as, 여기서는 원인으로서의 자격을 의미함

027 I'll be back as president

미합중국 대통령이 미국 태생이어야 하는가?

Iconoclast: a neuroscientist reveals | Gregory Berns

Arnold Schwarzenegger is a good example of an individual who has banked on his aura of familiarity to effect legislative change in California. A self-described iconoclast, he was born in 1947 in Austria. Schwarzenegger has traced his nonconformist tendencies to his childhood rebellion against a strict Austrian upbringing. "It was all about conforming. I was one who did not conform and whose will could not be broken. Therefore I became a rebel. Every time I got hit, and every time someone said, 'you can't do this,' I said, 'this is not going to be for much longer, because I'm going to move out of here. I want to be rich. I want to be somebody.'" Schwarzenegger also knows the power of appearance. ❶ **"The bigger you are and the more impressive you look physically, the more people listen and the better you can sell yourself for anything else."**

On the surface, Schwarzenegger would appear to be an

패턴과 어휘

- aura 후광
- bank on ~에 의지하다
- effect + 명사 ~을 가져오다, 초래하다
- iconoclast 우상파괴자
- legislative change 입법상의 변화
- nonconformist tendency 비순응적 성향
- a rebel 반항아
- rebellion against ~에 대한 반항
- self-described 스스로에 의해 묘사된, 자칭
- somebody 대단한 사람
- strenuously 심하게
- synthetic version 합성으로 만든 형태나 방식
- trace A to B A를 B까지 추적하다
- upbringing 양육

Arnold Schwarzenegger는, 캘리포니아에서 법률 변화를 끌어내기 위해, 친근함 이라는 후광(개인적 분위기)에 의존한 개인에 대한 좋은 본보기이다. 자칭 인습 타파 주의자인 그는 오스트리아에서 1947년에 태어났다. Schwarzenegger는 그의 규범을 따르지 않는 성향을 엄격한 오스트리아식 양육에 대한 유년기의 반항에서 찾는다. "그것은 전부 순응에 관한 것이었다. 나는 순응이라는 것을 하지 않았던 그리고 그러한 의지가 꺾이지 않는 사람이었다. 따라서 나는 반항아가 되었다. 내가 맞았을 때마다, 누군가가 '넌 이건 하면 안 돼'라고 말할 때마다, 나는 '이런 것은 그렇게 오래가지 않을 것입니다. 왜냐하면 나는 여기를 떠날 것이니까요. 나는 부자가 되기를 원해요. 나는 대단한 사람이 되기를 원해요." 라고 말했다. Schwarzenegger는 또한 외모의 힘을 안다. "당신이 덩치가 클수록 그리고 당신이 육체적으로 더 인상적으로 보일수록, 더 많은 사람들이 귀를 기울여 듣고 당신 자신을 어떤 일에서든 더 잘 팔 수 있을 것입니다."

표면적으로, Schwarzenegger는 특히 공화당 주지사 후보로서는 그럴싸해

구조 해설

❶ "The bigger you are and the more impressive you look physically, the more people listen and the better you can sell yourself for anything else."
: the + 비교급을 두 번 연속하여 사용한 구조로서 비례절. 즉, '~할 수록, ~하다'로 해석됨

027

I'll be back as president
미합중국 대통령이 미국 태생이어야 하는가?

Iconoclast: a neuroscientist reveals | Gregory Berns

unlikely candidate for governor, especially a Republican one. But his aura of familiarity, coupled with the invincibility of the Terminator, made him an easy winner in California politics. Certainly, his legislative policies have gone far to the left of Republican ideology. From stem cell research to children's health insurance, Schwarzenegger has taken stances that are nonconformist with party politics but resonate deeply with the masses. ❶ **Were it not for Article II of the Constitution**, which requires the president to be born in the United States, it is almost a sure bet that Schwarzenegger would be president.

패턴과 어휘

- familiarity 친숙함
- governor 주지사
- invincibility 무적의 강인함
- Republican 공화당원, 공화당의
- resonate with ~와 서로 같은 소리를 내다, 반사하여 소리내다
- stem cell research 줄기세포 연구
- a sure bet 이길 것이 확실한 내기
- unlikely candidate 가능성이 없는 후보자

보이지 않는 후보처럼 보였을 것이다. 그러나 그의 친근함이라는 분위기는, 영화 터미네이터의 강인함과 짝을 이루어, 캘리포니아 정치에서 그를 쉬운 승자로 만들었다. 확실히, 그의 입법 정책은 공화당 이념에서 좌측(진보성향)으로 멀리 갔다. 줄기세포 연구로부터 아동 건강보험까지, Schwarzenegger는 정당(공화당) 정책에는 비 순응자이지만 대중들에게는 깊이 반향을 일으키는 입장을 취해왔다. 대통령은 미국에서 태어나야 한다고 요구하는, **헌법의 제 2조가 아니라면**, Schwarzenegger가 대통령이 될 수도 있으리라는 사실이 거의 확실한 내기(장담)이다.

· Arnold Schwarzenegger (1947-) : 오스트리아 출신 미국 영화 배우, 정치가, 터미네이터 시리즈로 유명함

구조 해설

❶ Were it not for Article II of the Constitution : if it were not for A 구조에서 접속사 if 를 없애고 의문문의 순서로 도치되는 가정법 구조.

028 To brain wash the public
청중들을 세뇌하는 것은 간단한 일 일지도 모른다

Effective speaking | Christopher Turk

The need to arouse and prepare the audience is confirmed by psychological research. Many experiments show that unless the receiver is guided in how to decode the message, he may perceive something different. Psychologists have shown that knowledge about what a person is going to hear can change what he thinks he does hear :The English psychologist David Bruce recorded a set of ordinary sentences and played them in the presence of noise so intense that the voice was just audible, but not intelligible. He told his listeners that these were sentences on some general topic— ❶ **sports, say**—and asked them to repeat what they heard. He then told them that they would hear more sentences on a different topic, which they were also to repeat. This was done several times. Each time the listeners repeated sentences ❷ **appropriate to the topic announced in advance**. When at the end of the experiment Bruce told them that they had heard the same recording every time—all ❸ **he had changed** was the topic ❹ **they were given**—most listeners were unable to believe it. With an advance hypothesis about what the message will be, we can tune our perceptual system to favour certain impressions and reject others.

청중을 일깨워서 준비시켜야 할 필요성이 심리학 연구에 의해 확인된다. 만일 받는 사람에게 그 메시지를 해독하는 법이 안내되지 않는다면, 그는 다른 것을 인식할지도 모른다는 것을, 많은 실험들이 보여준다. 한 사람이 듣게 될 예정인 것에 대한 지식(사전지식)은 그가 정말 듣는다고 생각하는 것을 바꿀 수 있다는 사실을, 심리학자들은 보여 주었다. 영국의 심리학자인 David Bruce는 일련의 평범한 문장들을 녹음하고, 목소리는 겨우 들릴만 하지만, 내용은 이해하기 어려울 수 있는 정도의 강렬한 소음의 존재 속에서 그 문장들을 틀어주었다. 그는 그의 청자들에게 이것들이 말하자면 스포츠 같은 어떤 일반적인 주제에 관한 문장들이었다고 말했으며, 그들에게 그들이 들었던 것을 말해보라고 요청했다. 그리고 나서 그는 그들에게 그들이 다른 주제에 관한 더 많은 문장들을 들을 것이라고 말했는데, 그 문장들도 그들은 또한 반복해야 했다. 이것은 여러 번 반복되었다. 그때마다 그 청자들은 미리 알려진 주제에 타당한 문장들을 말했다. 그 실험의 끝에서 Bruce가 그들이 매번 똑같은 녹음을 들었으며, 단지 그가 바꿨던 것은 그들에게 주어진 주제뿐이었다고 말했을 때, 대부분의 청자들은 그것을 믿을 수 없었다. 그 메시지가 어떤 것이 될지에 대한 사전의 가설과 함께, 우리는 우리의 인지시스템을 어떤 인상들은 선호하고 다른 것들을 거절하도록 조절할 수 있다.

패턴과 어휘

- appropriate   적절한
- arouse + 명사   불러 일으키다, 일깨우다
- audible   들릴 수 있는
- decode + 명사   ~을 해독하다
- favour + 명사   ~을 특별히 좋아하다
- intelligible   해독이 가능한
- intense   강렬한
- hypothesis   가설
- perceptual   인지적인

구조 해설

1. sports, say : say 는 '예를 들어' 라는 용법임
2. appropriate to the topic announced in advance : 앞의 sentences 를 꾸며주는 형용사구 후치수식이며, announced 는 다시 앞의 topic 을 꾸며주는 과거분사 후치수식구임
3. he had changed : 앞의 all 을 꾸며주는 관계사절
4. they were given : 앞의 the topic 을 꾸며주는 관계사절

029 The vision must be a collaboration
비전은 지도자와 추종자의 합작입니다

Leadership | Peter Guy Northouse

First, transforming leaders had a clear vision of the future state of their organizations. It was an image of an attractive, realistic, and believable future (Bennis & Nanus, 1985, p. 89). The vision usually was simple, understandable, beneficial, and energy creating. The compelling nature of the vision touched the experiences of followers and pulled them into supporting the organization. When an organization has a clear vision, it is easier for people within the organization to learn how they fit in with the overall direction of the organization and even the society in general. It empowers them because they feel they are a significant dimension of a worthwhile enterprise (pp. 90-91). Bennis and Nanus found that, to be successful, the vision had to grow out of the needs of the entire organization and to be claimed by those within it. Although leaders play a large role in articulating the vision, the emergence of the vision originates from both the leaders and the followers.

패턴과 어휘

- articulate + 명사   자세하게 설명하다
- empower + 명사   ~에게 힘을 실어주다
- fit in   어울리다
- originate from   ~로부터 나오다
- significant dimension   중요한 차원
- transforming   변화하는, 변화시키는, 형태를 바꾸는

우선, 변화하는 리더들은 조직의 미래 상태에 대한 명확한 비전을 가졌다. 그것은 매력적이고, 현실적이고, 믿어볼 만한 미래에 대한 이미지였다(Bennis & Nanus, 1985, p.89). 그 비전은 보통은 단순하고, 이해할만하며, 이익이 되며, 에너지를 만들어내는 성격이었다. 그 비전의 설득적 성질은 추종자들의 경험에 맞닿았으며 그들이 그 조직을 지지하게 끌어당겼다. 조직이 명확한 비전을 가지고 있었을 때, 그 조직의 구성원들이, 그 조직과, 심지어 일반사회의 총체적 방향에 자신들이 얼마나 잘 맞는지 아는 것은 더 쉽다. 그들이 가치 있는 기업의 중요한 부분이라고 느끼기 때문에, 그것은 그들에게 힘을 부여한다. Bennis와 Nanus는, 성공적이기 위하여, 조직의 비전이 조직전체의 요구로부터 커 나와야 하며 조직 내부인들에 의해 주장되어야 한다는 것을 발견했다. 비록 지도자들이 그 비전을 명료화시키는 데서 큰 역할을 하지만, 그 비전의 출현은 지도자들과 추종자들 둘 다로부터 기원하는 것이다.

030

We need direct intervention to clarify what it means
독서는 통밥이 아니다

Literature and Language teaching | C.Brumfit 편집

As we have seen, the process of reading is a process of meaning-creation by integrating one's own needs, understanding, and expectations with a written text. Each student will have different needs, understanding, and expectations, so each student will derive slightly different messages from reading a particular book or poem. But the text itself will be constructed on the basis of conventions which may or may not be directly accessible to the student, and some of these conventions will, if misinterpreted, so distort the meaning that the text will be perceived as incomprehensible, or irrelevant. There is no point in leaving learners to grope their way towards understanding without direct intervention to clarify what might otherwise remain inaccessible for ❶ **so long that they will abandon** literature in frustration if they are not helped. Nor, conversely, is there any point in insisting on detailed examination of points which, while obscure, do not impede initial response. There is no need to demand from non-native speakers of English ❷ **a closer understanding of Dickens** than we would ❸ **expect of** native-speakers, at least at the early stages of learning.

패턴과 어휘

- accessible to   ~에 접근 가능한
- be constructed   건설되다, 만들어지다
- conventions   전문분야의 관습적인 말들
- conversely   거꾸로, 역으로
- derive A from B   A를 B로부터 끌어내다
- distort + 명사   ~을 왜곡하다
- impede + 명사   ~을 방해하다
- inaccessible   접근될 수 없는
- incomprehensible   이해될 수 없는
- integrate + A with B   A와 B를 통합하다
- irrelevant   주제와 무관한, 타당하지 않은
- obscure   애매한, 모호한

우리가 보아왔듯이, 독서의 과정은, 적힌 글에 대한 자신의 필요성, 이해, 그리고 기대들을 통합함으로써 의미를 창출하는 과정이다. 각각의 학생들은 다른 필요성, 이해, 그리고 기대를 가지게 될 것이며, 그 결과 각 학생은 특정한 책이나 시에서 약간은 다른 메시지를 끌어낼 것이다. 그러나 본문 그 자체는 학생들에게 직접적으로 접근 가능할 수도 있고 그렇지 않을 수도 있는 분야적 관습어(전문용어)들에 근거하여 구성될 것이며, 그리고 이 관습어들의 일부는, 만약 잘못 이해된다면 의미를 너무 왜곡해서 본문이 이해될 수 없거나 서로 상관없는 것처럼 받아들여질 것이다. 개입해주지 않는다면(otherwise), 학습자들이 도움을 받지 않았을 때 좌절감 속에서 문헌공부를 포기할 정도로 오랫동안 접근할 수 없는 상태로 남게 될 정보를 명확하게 해주기 위한 직접적 개입(관습어에 대한 정보제공)없이, 학습자들 스스로 이해를 향한 길을 더듬어 가도록 내버려 두는 것은 비합리적이다. 또한 이와는 반대로, 애매하긴 하지만, 최초의 반응을 방해하지 않는 요점들에 대한 상세한 조사를 주장하는 것에도 합리성은 없다. 영어의 비원어민들에게서, 적어도 학습의 초기 단계에서는, 우리가 원어민들에게서 기대할 수 있는 것보다 Dickens에 대한 더 자세한 이해를 요구할 필요는 없는 것이다.

· Charles Dickens (1812-1870) : 영국의 소설가

구조 해설

1. so long that they will abandon : so 형용사, 부사 + that 절
2. a closer understanding of Dickens : demand 의 목적어로서 중간에 from 전치사구에 의해 타동사와 떨어져서 위치됨
3. expect of : expect A of B 구조에서 A 는 관계대명사 목적격 than 이므로 바로 expect 와 of 가 붙어서 나옴

031

Human network starts here
적극적 인맥 형성은 감사에서 시작한다

Leadership | Robert N. Lussier

It is important to **keep your network informed of** your career progress. Get a **mentor** in your current or new role who can help you to focus on results that matter to your employer and guide your **assimilation process**. If an individual was helpful in finding your new job, be sure to let him or her know the **outcome**. ❶ **Saying thank you to those who helped in your transition** will encourage the business relationship: providing this information will increase the **likelihood of getting help** in the future. It is also a good idea to **notify** everyone in your network that you are in a new position and provide contact information. Networking doesn't stop ❷ **once you've made a career change**. Make a personal commitment to continue networking in order to **be in charge of** your career development. Go to trade shows and conventions, make business friends, and continue to update, correct, and add to your network list. Always thank others for their time.

패턴과 어휘

- assimilation   동화, 비슷해짐, 순응함
- be in charge of   ~를 책임지다
- keep + 명사 + pp
  목적어를 ~된 상태로 유지시키다
- likelihood of -ing   ~할 가능성
- make a commitment   약속을 하다
- mentor   정신적 스승, 지도자
- notify A that 절
  A에게 어떤 사실을 통지하다
- outcome   결과

www.properenglish.co.kr

당신과 연결된 사람들에게 당신의 경력의 발전이나 전개를 알게 하는 것은 중요하다. 당신의 현재의 혹은 새로운 역할 속에서, 당신의 고용주한테 중요한 결과들에 초점을 맞추도록 당신을 도와줄 수 있고 당신의 동화 과정을 지도해 줄 수 있는 조언자를 찾아라. 만일 한 개인이 당신의 새로운 직업을 찾는데 도움이 되었거든, 그 사람이 그 결과를 반드시 알게 해라. **당신의 변화에 도움을 주었던 사람들에게 감사하다고 말하는 것**은 사업상 관계를 돈독히 해줄 것이다. 이 정보를 제공하는 것은 미래에 도움을 받을 가능성을 늘려 줄 것이다. 당신과 연결된 모든 사람에게 당신이 새로운 지위에 있다는 것을 알려주고 연락 정보를 주는 것 또한 좋은 생각이다. 인맥 형성은 **일단 당신이 직업을 바꾼 다음에도** 멈추지 않는다. 당신의 직업상 발전을 관리하기 위해서 인맥형성을 계속하겠다는 개인적 약속(다짐)을 해라. 무역전시회와 회의들에 가서, 사업 친구들을 만들고, 당신의 인맥 리스트를 계속 갱신해가며, 수정하고, 늘려가라. 언제나 다른 이들에게 그들이 시간을 내주는 것에 감사해라.

구조 해설

❶ Saying thank you to those who helped in your transition : 동명사 주어

❷ once you've made a career change : '일단 ~하고 난 후'

032 Children need sand and water to play with
흙과 물은 좋은 것입니다

Play therapy | Garry L. Landreth

Sand and water are probably the most used unstructured play media by children, but they are the least likely materials to be found in play therapy settings, even though water is one of the most effective therapeutic mediums of all playroom materials. The absence of sand and water in play therapy settings is most likely the result of therapists' low tolerance for messiness and a need to keep things neat and clean. Reluctance also may stem from a legitimate concern about having to clean up. However, this does not seem to be a valid reason, as appropriate limit setting likely will ❶ **keep most of the sand and water confined to receptacles**. Even in non-playroom, limited-space settings, a dishpan with an inch of sand and a bucket with a couple of inches of water would serve the purpose quite well. Sand and water lack structure and can be ❷ **whatever the child wants them to be**: the surface of the moon, quicksand, the beach, something to clean with-the possibilities are limitless. There is no right or wrong way to play with sand and water. Therefore, the child is assured of success. This is especially helpful for shy or withdrawn children.

모래와 물은 아마도 아이들에게 가장 많이 사용되는 형체가 없는 놀이 매체이다. 그러나, 모든 놀이방 재료들 중에서 물이 가장 효과적인 치료 수단들 중의 하나임에도 불구하고, 그것들(물과 모래)은 놀이 치료 환경에서는 발견될 가능성이 가장 적은 재료들이다. 놀이 치료 환경에서 모래와 물의 부재는 치료사들의 더러움에 대한 낮은 인내심과 물건들을 깔끔하고 깨끗하게 유지해야 할 필요성의 결과일 가능성이 가장 높다. 거부감은(모래와 물에 대한) 또한 청소를 해야 하는 것에 대한 합당한 걱정에서 비롯될 지도 모른다. 그러나, 이것은 타당한 이유로 보이지 않는다. 왜냐하면 적절하게 제한된 환경설정은 모래와 물을 용기에 가두어진 상태로 유지시킬 가능성이 크기 때문이다. 놀이방이 아닌 제한된 공간 환경 내에서도 1인치의 모래를 가진 설거지통과 2인치의 물을 가진 양동이라면 이러한 역할을 꽤 잘 해낼 것이다. 모래와 물은 특별한 구조가 없어서 아이들이 그것들이 되기를 원하는 무엇이든지 될 수 있다. 예를 들면, 달의 표면이나, 모래함정, 해변, 청소도구 등 그 가능성은 끝이 없다. 모래나 물로 놀이를 하는데는 옳은 방법도 잘못된 방법도 없다. 따라서, 아이는(모래로 놀이하는 한) 성공이 보장된다. 이것은 특히 부끄러워하거나 내향적인 아이들에게 도움이 된다.

패턴과 어휘

- appropriate   제대로 된
- be assured of   ~에 대해 확신하다
- bucket   양동이
- confine A to B   A를 B에 가두다
- dishpan   설거지통, 개수대
- legitimate concern   당연한 걱정
- low tolerance for   ~에 대한 낮은 인내심
- messiness   어질러짐
- play media   놀이매체들
- play therapy settings   놀이치료환경
- quicksand   흘러내리는 모래, 모래 함정
- receptacle   담는 그릇, 용기
- reluctance   거부감
- serve the purpose   목적을 수행하다
- therapeutic mediums   치료효과가 있는 매체들
- unstructured   구조가 없는
- valid reason   타당한 이유
- withdrawn children   내성적인 아이들

구조 해설

❶ keep most of the sand and water confined to receptacles : keep + 명사 + pp

❷ whatever the child wants them to be : whatever 는 can be 의 보어이자 to be 의 보어

033

We expect doctors to show much concern
불친절한 의사들은 싫어요!

Social Problems | Alex Thio

Why does the doctor's communication style affect patient satisfaction? Symbolic interaction theory assumes that in interacting with patients, friendly doctors ❶ **are more likely than dominant doctors to take into account** the views, feelings, and expectations the patients have about themselves, their illnesses, and their doctors. To the patients, their illness is unusual, as it does not happen to them every day, and their suffering is a highly intimate, emotional reality. Thus, they expect their doctors to show a great deal of concern. They obviously want a cure, but they also crave emotional support. If doctors attune themselves to these expectations, they can develop warm relationships with their patients. This is no easy task because doctors have been trained to take an objective, dispassionate approach to disease. They have learned to view patients unemotionally, especially when performing surgery, ❷ **which** involves inserting their hands into diseased strangers without flinching or losing their nerve (Konner, 2001).

패턴과 어휘

- assume + that 절   ~사실을 상정하다
- attune A to B   A를 B에 맞추다
- crave + 명사   ~을 갈망하다
- dispassionate   냉정한
- dominant   지배적인, 우월감이 있는
- flinch   움찔하다
- insert + 명사   ~을 삽입하다
- intimate   개인적인
- lose one's nerve   용기나 배짱을 잃다
- surgery   외과수술
- take into account   ~을 고려하다
  (take A into account 구조에서 도치됨)

왜 의사들의 의사소통 양식이 환자의 만족감에 영향을 미치는가? 상징적인 상호작용 이론은, 환자와의 상호작용에 있어서 친절한 의사들이 **고압적인 의사들보다**, 환자가 그들 자신, 그들의 질병, 그리고 그들의 의사들에 대해서 가질 수 있는 견해나, 기분이나, 기대를 **고려할** 가능성이 더 크다고 상정한다. 환자에게, 그들의 질병은 특이한 것이고, 그것이 그들에게 매일 일어나는 것이 아니기 때문에, 그래서 그들의 고통은 매우 **개인적이고, 감정적인 현실**이다. 따라서, 그들은 그들의 의사들이 많은 관심을 보여주기를 기대한다. 그들은 분명히 치료책을 원하지만, 또한 감정적인 지원을 **열망**한다. 만일 의사들이 그들 자신을 이 기대에 **맞추고자** 한다면, 그들은 환자와 따뜻한 관계를 발전시킬 수 있다. 이것은 쉬운 일이 아닌데 왜냐하면 의사들이 질병에 대해 객관적이고, **냉철한** 접근을 하도록 훈련 받아왔기 때문이다. 그들은 특히 **수술**을 할 때는, 환자를 냉정하게 보도록 배워왔다. 그런데 그 수술이란 **움찔**하지 않고 **용기를 잃지 않은 채**로 질병에 걸린 낯선 사람에게 그들의 손을 **삽입**하는 것과 관련되어 있다. (즉, 정서적인 면이 배제 되어 있음) (Konner, 2001).

구조 해설

1. are more likely than dominant doctors to take into account : be likely to VR 구조에서 more than 이 결합되었으며, take + 목적어 + into account 구조에서 목적어가 복수이거나 길 경우 into account 뒤로 목적어를 도치함

2. which : 선행명사를 바로 앞의 surgery 로 보는 것이 타당함

034

Unstable equilibrium
공공의 이익이냐, 개인만의 행복이냐

Imperfect garden | Tzvetan Todorov

The meeting of these two sides— "republican" on the one side and "liberal" on the other—is what distinguishes modern democracies. The common good and the happiness of each are democracy's equally legitimate ends, which, even if they spring from the same source, cannot always be pursued simultaneously: their field of application does not coincide. Tocqueville says it in his own way: "Our contemporaries are constantly excited by two conflicting passions: they want to be led, and they wish to remain free. As they cannot destroy either the one or the other of these contrary propensities, they strive to satisfy ❶ **them both** at once" The republican and liberal sides of modern states will undoubtedly never manage to form anything but an unstable equilibrium, ❷ **each moderating the other's excess**.

패턴과 어휘

- anything but   앞에 부정어와 어울리며 but 의 의미는 except
- application   응용, 적용
- coincide   동시에 발생하다
- common good   공공의 이익
- conflicting   상충하는
- contemporary   동시대사람, 동시대의
- distinguish   구별하다
- legitimate end   합당한 목적
- liberal   자유주의자, 자유주의의
- moderate + 명사   ~을 완화시키다
- propensity   성향
- pursue + 명사   ~을 추구하다
- republican   공화주의자, 공화주의의
- simultaneously   동시에
- spring from   ~에서 솟구쳐 나오다
- strive to VR   ~하려고 애쓰다
- unstable equilibrium   불안한 균형상태

"공화주의"라는 한 쪽 그리고 "자유주의"라는 다른 한 쪽인, 이 두 측면들의 만남은 현대 민주주의들을 구별해주는 것이다. 공공의 이익과 개인의 행복은 민주주의의 똑같이 합당한 목적인데, 그들이 똑같은 근원에서 나온다고 하더라도, 언제나 동시에 추구될 수만은 없다. 왜냐하면 그 적용 분야가 일치하지 않기 때문이다. Tocqueville은 자신만의 방식으로 그것을 말한다. "우리 동시대인들은 이 두 가지의 상충하는 열정들에 끊임없이 흥분당한다. 그들은 가르침 받기를 원하며, 동시에 자유롭게 남아있기를 바란다. 그들이 이 상반된 성향들 중 하나 혹은 다른 하나를 없앨 수 없기 때문에, 그들은 둘 다를 한꺼번에 만족시키고자 노력한다." 현대 국가들의 공화주의적이고 자유주의적인 면들은 의심할 바 없이, 서로 상대의 과도함을 완화시키는, 불안정한 평형상태를 제외하고는 다른 어떤 것도 만들어낼 수 없을 것이다.

· Alexis Tocqueville (1805-1859) : 프랑스의 정치가, 역사학자

구조 해설

❶ them both : 대명사와 함께 사용될 때 어순에 주의, both of them, them both, they both, both of us, us both, we both….

❷ each moderating the other's excess. : 주어가 each 인 분사구문

035

Life without challenge is not a true life
도전이 없는 인생은 무의미하다

Optimal experience | Mihály Csíkszentmihályi

The Shushwap region was and is considered by the Indian people to be a rich place: rich in salmon and game, rich in below-ground food resources such as tubers and roots—a plentiful land. In this region, the people would live in permanent village sites and exploit the environs for needed resources. They had elaborate technologies for very effectively using the resources in the environment, and perceived their lives as being good and rich. Yet, the elders said, at times the world became too predictable and the challenge began to go out of life. Without challenge, life had no meaning. So the elders, in their wisdom, would decide that the entire village should move, ❶ **those moves occurring every 25 to 30 years**. The entire population would move to a different part of the Shushwap land and there, they found challenge. There were new streams to figure out, new game trails to learn, new areas where the balsamroot would be plentiful. Now life would regain its meaning and ❷ **be worth living**. Everyone would feel rejuvenated and healthy. Incidentally, it also allowed exploited resources in one area to recover after years of harvesting.

패턴과 어휘

- below-ground   지하
- elaborate   정교한
- environs   환경
- exploit + 명사   ~을 이용하다, 착취하다
- figure out   이해하다
- game   사냥감
- game trail   사냥감이 다니는 길
- go out of life   생명력을 잃다
- incidentally   우연히
- predictable   예측되어질 수 있는
- rejuvenate + 명사   ~을 다시 젊게 하다
- tuber   덩이줄기

Shushwap 지역은 인디안들에 의해 풍요로운 곳으로 여겨졌고 지금도 그렇게 여겨지고 있다. 연어와 사냥감이 풍부하고, 덩이줄기 작물과 뿌리식물과 같은 지하에 있는 식량 자원들이 넘치는, 풍족한 땅이다. 이 지역에서, 사람들은 영구적인 마을 터에서 살고 필요로 되는 자원들을 위해 주변지역들을 이용하곤 했다. 그들은 환경자원을 매우 효과적으로 이용하는 정교한 기술들을 가졌으며, 그들의 삶을 행복하고 풍족한 것으로 인식했다. 그러나, 원로들은 때때로 세상이 너무 예측 가능하게 되고 도전이 생명을 잃기 시작한다고 말했다. 도전 없이는, 삶은 의미가 없었다. 따라서 원로들은 지혜를 모은 후, 마을 전체가 이주를 해야 한다고 결정하곤 했고, 이러한 이주는 25년에서 30년에 마다 한 번씩 일어났다. 전체 인구가 Shushwap의 다른 지역으로 이동하곤 했으며, 그들은 거기서 도전을 찾았다. 이해해야 할 새로운 개울들과, 학습해야 할 새로운 사냥감들이 다니는 길들과, balsamroot가 풍부한 새로운 지역들이 있었다. 이제 삶은 그것의 의미를 되찾고 살만한 가치가 있게 될 것이다. 모든 사람들은 다시 젊어진 느낌과 건강해진 느낌을 얻게 되었다. 부수적으로, 그것은 한 지역에서 여러 해의 수확 이후에 이용된 자원들이 회복되게 했다.

구조 해설

1. those moves occurring every 25 to 30 years : those moves 가 주어인 분사구문

2. be worth living : 주어를 ing 의 의미상 목적어로 받아야 하므로 ing 에는 타동사상당어가 와야 하지만 live는 a life 와 같은 동족목적어를 취할 수 있음

036

The movement of ethnic groups
노동 제공과 기술 습득을 위해 떠납니다

Multiple voices | Carol Myers-Scotton

Since the Byzantine Empire, there has been a tradition of inviting various ethnic groups for economic purposes, but the scale has changed. In Europe there are many immigrants, who were initially called "guest workers". They are generally unskilled, ❶ **as are the many immigrants in the United States from Mexico and Central America**. But there and elsewhere, many immigrants with specialized skills are especially welcomed. For example, in the 1990s and into the twenty-first century, the computer and biotech industries in the United States have recruited many trained engineers and scientists from other countries. To give one example, in mid-2002, the largest group of recent immigrants in the San Francisco area was from South Asia, mainly India, ❷ **most headed for the computer-oriented industries**. Today some of those Indians are returning home.

패턴과 어휘

- be headed for   ~로 향하다
- biotech industry   생명공학 산업
- ethnic group   민족이나 인종
- immigrant   들어오는 이민자
- initially   최초에
- recruit + 명사   ~을 모집하다

비잔틴 제국 이래, 경제적인 이유로 다양한 인종 그룹들을 초빙하는 전통이 있어왔다. 그러나 그 규모는 변했다. 유럽에서 많은 이주자가 있는데, 그들은 초기에는 "초청 노동자"라고 불렸다. **멕시코나 중앙아메리카에서 온 미국내의 많은 이주민들처럼,** 그들은 일반적으로 기술이 없었다. 그러나 거기든 다른 어떤 곳에서든, 전문적 기술을 가진 많은 이주민들은 특별히 환영받는다. 예를 들면, 1990년대와 21세기로 들어가면서, 미국에서 컴퓨터와 생명공학 산업은 다른 나라들로부터 많은 훈련된 공학자와 과학자들을 모집했다. 일례를 들자면, 2002년 중반에, 샌프란시스코의 가장 큰 최근 이주민 그룹은 남아시아, 즉, 주로 인도에서 왔으며, **대부분은 컴퓨터 지향적인 산업으로 향했다.** 오늘날 이러한 인도 사람들은 고향으로 귀환하고 있다.

구조 해설

❶ as are the many immigrants in the United States from Mexico and Central America : 양태접속사 as 가 이끄는 절이 의문문의 어순으로 도치되어 있음. are 와 연동하는 unskilled 가 생략되어 있음.

❷ most headed for the computer-oriented industries : headed 앞에 being 이 생략되어 있는 분사구문. 주어는 most

037

Anybody could make it
지나친 상징주의는 저급한 제작 기법일 뿐

Film as art | Rudolf Arnheim

In Eisenstein's The General Line, a tractor is seen ❶ crashing through the fences that cut up a field into a number of small holdings. The scene is intended to convey symbolically that the tractor, the emblem of modern agriculture, enforces collectivism. This idea is, however, not ❷ of a very high grade artistically because the episode that is shown simply makes a concrete scene of an abstract notion, regardless of whether it is likely to occur in reality. In a "naturalistic" film any symbolic scene must be so planned that it not only makes this implicit meaning visible in a comprehensible manner, but also fits smoothly into the action and the world depicted in the film.

　❸ For the unexpected and gripping effect is produced mainly by disclosing the congruence of two themes which are fraught with meaning inherently and independently of each other. In the Eisenstein example, one of the two themes (the concrete) is sacrificed to the

---

패턴과 어휘

- abstract　추상적인
- be fraught with　~로 가득 차다
- congruence　조화, 일치
- collectivism　집단주의
- concrete　구체적인
- cut up　자르다
- depict　묘사하다
- disclose + 명사　드러내 보여주다
- emblem　상징
- episode　일화
- gripping　사로잡는
- holdings　재산
- implicit meaning　내포된 의미
- in a comprehensible manner
　이해될 수 있는 방식으로
- make A of B
　B를 사용해서 A를 만들어내다
- regardless of　~에 상관없이

아이젠슈타인의 the General Line(영화제목)에서, 들판을 많은 작은 **소작지**들로 **나누고 있는 울타리들을 부수면서 지나가는** 한 대의 트랙터가 보인다. 이 장면은, 현대 농업의 **상징**인 트랙터가 **집산주의를 강요한다**는 것을, 상징적으로 전달하기 위해 의도되었다. 그러나, 이 생각은 예술적으로 **아주 높은 경지의 것**은 아닌데 왜냐하면 보여진 그 **장면**은, 그것이 현실에서 발생할 가능성과 **무관하게**, 단순히 추상적 개념에서 구체적인 장면을 만든 것이기 때문이다. "자연주의직" 영화에서 상징적인 장면은 그것이 이런 **함축적인 의미**를 **이해할 수 있는 방식으로** 눈에 보이게 만들 뿐만 아니라, **영화에서 묘사된** 행위와 세상에 부드럽게 들어맞아야 할 정도로 계획되어져야 한다.

왜냐하면 그 예기치 않고 **흥미로운 효과**는 각각이 본질적이고 독립적인 의미로 가득 찬 **두 주제의 조화를 드러냄으로써** 주로 만들어지기 때문이다. 아이젠슈타인의 예에서, 두 주제 중에 하나(구체적인 것)는 다른 주제(상징적인 생각)

구조 해설

1. crashing through the fences : see 동사의 목적보어로 사용된 부분
2. of a very high grade : grade 를 형용사적으로 해석하기 위해 앞에 of를 붙임
3. For the unexpected and gripping effect is produced mainly by disclosing the congruence of two themes which are fraught with meaning inherently and independently of each other. : 문두에 있는 for 는 접속사로 because 로 해석

037

Anybody could make it
지나친 상징주의는 저급한 제작 기법일 뿐

Film as art | Rudolf Arnheim

other (the symbolized thought), and the congruence is achieved artificially. There is something contrived about using a tractor to crash the fences. The scene is reminiscent of Ermler's The Fragment of an Empire, in which a tank runs over a crucifix to which a terrified soldier is clinging — although since this scene makes no pretense at reality, it cannot be attacked on the score of artificiality.

패턴과 어휘

- be reminiscent of   ~을 연상시키다
- contrive   고안하다
- crucifix   예수가 못 박힌 십자가상
- on the score of   ~의 이유로
- pretense   거짓, 핑계, 조작

에 희생당하며, 그 조화는 인공적으로(즉, 자연스럽지 않게) 성취된다. 울타리를 부수기 위하여 트랙터를 사용하는 것에 관하여 무엇인가 고안된(조작된) 것이 있다. 이 장면은 Ermler의 The Fragment of an Empire를 연상시키는 것인데, 거기서 한 탱크가 겁이 질린 군인이 매달려 있는 십자가상을 타고 넘는다. 비록 이 장면이 현실적으로 전혀 거짓(조작)이 없기 때문에, 인위성을 이유로 비판당할 수는 없다고 할지라도 말이다.

· Sergei Mikhailovich Eizenshtein (1898-1948) : 러시아 출신의 영화감독. 몽타쥬 기법으로 두 개의 상반된 이미지를 교차 편집 시킴으로서(변증법적 몽타쥬) 영화가 전달하고자 하는 의도를 극적으로 표현함. 전함 포템킨이 대표작

· Fridrikh Markovich Ermler (1898-1967) : 러시아 영화 감독, 배우, 각색가

038

Cats can be your peaceful mates
고양이의 매력을 아시나요?

Islands in the Stream | Ernest Hemingway

After they were all gone he lay on the fiber matting on the floor and listened to the wind. It was blowing a gale from the northwest and he spread blankets on the floor, piled pillows to brace against the stuffed chairback he placed against the leg of the living-room table, and ❶ **wearing a long, peaked cap to shade his eyes**, read his mail in the good light from the big reading lamp that stood on the table. His cat lay on his chest and he pulled a light blanket over them both and opened and read the letters and drank from a glass of whisky and water that he replaced on the floor between sips. His hand found the glass when he wanted it.

The cat was purring, but he could not hear him because he had a silent purr, and he would hold a letter in one hand and touch the cat's throat with the finger of his other hand.

"You have a throat mike, Boise," he said. "Do you love me?"

The cat kneaded his chest softly ❷ **with the claws just catching in the wool of the man's heavy blue jersey** and he felt the cat's long, lovingly spread weight and the purring under his fingers.

패턴과 어휘

- between sips	조금씩 마시는 사이에	- knead + 명사	주무르다
- claw	발톱	- jersey	단추가 없는 남자의 윗도리
- fiber matting	섬유로 된 깔개	- pile + 명사	쌓다, 더미
- a gale	돌풍	- purr	(고양이가) 가르릉거리다

그들이 모두 가버린 후에 그는 바닥에 있는 섬유 매트에 누워서 바람소리를 들었다. 북서쪽에서 강풍이 불고 있었고 그는 바닥에 담요를 깔고, 그가 거실 테이블의 다리에 기대 두었던 속이 꽉 채워진 의자등받이에 지지할 수 있도록 베게들을 쌓았다. 그리고 **그의 눈을 그늘로 가릴 수 있도록, 길고 뽀족한 모자를 쓰고**, 테이블 위에 서 있는 큰 독서용 램프에서 나오는 충분한 불빛 속에서 우편물을 읽었다. 그의 고양이가 그의 가슴 위에 누웠고 그는 가벼운 담요를 그들 위로 끌어당겼으며 편지들을 개봉해서 읽고, 소량씩 마시는 사이사이, 바닥에 그가 도로 내려놓곤 했던 한 잔의 물 탄 위스키를 마셨다. 그의 손은 그가 원할 때 술잔을 더듬어 찾았다.

그 고양이는 가르릉 소리를 냈지만, 그는 고양이 소리를 듣지 못했는데 왜냐하면 고양이가 조용히 가르릉 거리고 있었기 때문이다. 그리고 그는 한 손에는 편지를 들고 다른 손의 손가락으로 고양이의 목을 만지고 있었다.

"너는 목구멍 마이크를 가지고 있구나, Boise야." 그가 말했다. "너는 나를 사랑하니?"

그 고양이는, **그 남자의 두꺼운 청색 윗도리 옷감에 발톱이 걸려가면서** 부드럽게 그의 가슴에 꾹꾹이(고양이가 앞발로 사람의 배나 가슴을 반복적으로 누르는 행동)를 했고, 그는 그 고양이의 길고, 사랑스럽게 펼쳐진 무게와 손가락 아래의 가르릉댐을 느꼈다.

구조 해설

❶ wearing a long, peaked cap to shade his eyes,

❷ with the claws just catching in the wool of the man's heavy blue jersey

039

He was a born-usher
자신의 직업을 사랑하세요

Youth and the Bright Medusa | Willa Cather

When Paul reached the ushers' dressing-room half-a-dozen boys were there already, and he began excitedly to tumble into his uniform. It was one of the few that at all approached fitting, and Paul thought it very becoming—though he knew the tight, straight coat accentuated his narrow chest, about which he was exceedingly sensitive. He was always excited while he dressed, twanging all over to the tuning of the strings and the preliminary flourishes of the horns in the music-room; but tonight he seemed quite beside himself, and he teased and plagued the boys until, telling him that he was crazy, they put him down on the floor and sat on him.

Somewhat calmed by his suppression, Paul dashed out to the front of the house to seat the early comers. He was a model usher. ❶ **Gracious and smiling** he ran up and down the aisles. Nothing was too much trouble for him; he carried messages and brought programs as though it were his greatest pleasure in life, and all the people in his section thought him a charming boy, feeling that he remembered

---

패턴과 어휘

- accentuate + 명사   ~을 강조하다
- aisle   복도
- dash out   서둘러 나가다
- exceedingly   지나치게
- plague + 명사   ~를 괴롭히다
- preliminary flourish
  본 행사 이전에 울리는 악기들의 팡파르 소리

- seat + 명사   ~을 자리에 앉히다
- tumble into   굴러 들어가다
- twang   현악기가 울리는 소리, 팅팅하고 소리를 내다
- usher
  집이나 행사 등에서 손님을 맞이하고 안내의 역할을 하는 사람

폴이 안내원의 복장실에 도착했을 때 6명의 소년들이 이미 거기에 있었고, 그는 흥분해서 그의 제복 안으로 구르듯 들어가기 시작했다(옷을 입기 시작했다). 그것은 어쨌든 맞는 옷에 가까운 몇 개 안 되는 것들 중의 하나였다. 그리고 폴은 그것이 아주 잘 어울린다고 생각했다. 비록 그 꽉 끼는, 일자형의 코트가 그의 좁은 가슴을 두드러지게 하고 있다는 것을 알았을지라도, 그리고 그것에 관해 그는 과하게 민감했음에도. 그는 언제나 옷 입는 동안, 음악실에서 현악기들의 조율 소리와 호른의 예비 연주 소리에 맞추어 소리를 내면서, 흥분했다. 그러나 오늘 밤 그는 꽤 제정신이 아닌 것 같았다. 그리고 그에게 그가 미쳤다고 말하면서, 아이들이 그를 바닥에 넘어뜨리고 그 위에 타고 앉을 때까지, 그는 소년들을 놀리고 괴롭히기도 했다.

억제력에 의해 다소 진정된 채로, 폴은 일찍 온 사람들을 자리에 앉히기 위하여 건물 앞으로 달려 나갔다. 그는 모범 안내원이었다. 우아하게 미소를 지은 채로 그는 통로 위아래를 뛰어다녔다. 아무것도 그에게 그리 큰 문제는 아니었다. 그는, 마치 그것이 삶에서의 가장 큰 기쁨인 양, 메시지를 전달하고 프로그램을 가져다주었다. 그래서 그의 구역에 있는 모든 사람들은 그를 매력적인 소년으로 생

구조 해설

❶ Gracious and smiling : Being gracious and smiling 의 줄임말

039

He was a born-usher
자신의 직업을 사랑하세요

Youth and the Bright Medusa | Willa Cather

and admired them. As the house filled, he grew more and more vivacious and animated, and the colour came to his cheeks and lips. It was very much as though this were a great reception and Paul were the host. Just as the musicians
5 came out to take their places, his English teacher arrived with checks for the seats which a prominent manufacturer had taken for the season.

She betrayed some embarrassment when she handed Paul the tickets, and a hauteur which subsequently made
10 her feel very foolish.

Paul was startled for a moment, and had the feeling of wanting to put her out; what business had she here among all these fine people and gay colors? He looked her over and decided that she was not appropriately dressed and must
15 be a fool ❶ **to sit downstairs** in such togs. The tickets had probably been sent her out of kindness, he reflected as he put down a seat for her, and she had about as much right to sit there as he had.

패턴과 어휘

- animated   생명력이 넘치는
- be startled   당황하다
- betray + 명사   ~을 노출하다, 드러내다
- gay color   즐거운 색깔
- hauteur   오만(한 태도)
- prominent   유명한
- tog   제복, 옷
- vivacious   생기발랄한
- reflect + 절   라고 곰곰이 생각하다

각했으며, 그가 그들을 기억하고 있고 존경한다고 느꼈다. 그 건물이 채워지자, 그는 점점 더 활기 있고 생기 있게 되었고, 그 생기의 색조는 그의 볼과 입술에까지 왔다(홍조를 띠었다). 마치 이것이 대단한 환영회이고 폴은 그 주최자인 것 마냥 말이다. 음악가들이 나와서 그들의 자리를 잡았을 때, 그의 영어 선생님이, 한 저명한 제조업자가 그 시즌 동안 차지했었던 자리에 대한 티켓을 가지고 도착했다.

  그녀가 폴에게 그 티켓들을 건넸을 때, 그녀는 약간의 당황스러움과 결과적으로 그녀가 어리석었음을 느끼게 했던 오만함을 드러냈다.

  폴은 잠시 놀랐고, 그녀를 내쫓고 싶은 기분을 느꼈다. 무슨 일로 그녀가 이 좋은 사람들과 즐거운 색깔들 속에 있는가? 그는 그녀를 살펴보았고 그녀가 이런 행사에 적절하게 차려 입고 있지 않았으며 그런 옷을 입고 **아래층에 앉다니** 천치임에 틀림없다고 결론지었다. 그가 그녀를 위해 좌석을 내려줄 때, 그 티켓들은 아마도 그녀에게 (누군가의)친절함이 우러나와 보내졌다는 생각이 들었다. 그가 거기에 앉을 권리를 가진 만큼 많이 그녀도 권리를 가지고 있었다.

구조 해설

❶ to sit downstairs : 앞에 강한 판단을 의미하는 조동사 must 가 있으므로 to 이하는 판단의 근거를 제시하는 용법. '~로 보아서, 보건대, 판단컨대'

040

Have you ever speared fish?
물고기는 시장에서만 구할 수 있는 것이 아니랍니다

Islands in the Stream | Ernest Hemingway

The boat lay almost steady in the tide and the breeze, and he slipped the sling of the rifle over one of the levers of the top side controls so that the rifle ❶ **hung there handy**, and lay down on the sunning mattress on the flying bridge. Lying on his belly to brown his back, he looked out to where Roger and the boys were spear-fishing. They were all diving, staying down ❷ **varying lengths of time** and coming up for air to disappear again, occasionally coming up with fish on the spears. Joseph was sculling from one to another to take the fish off the spear points and drop them into the dinghy. He could hear Joseph shouting and laughing and see the bright color of the fish, red or red with brown speckles or red and yellow or striped yellow, as Joseph shook them off the spears or pulled them loose and tossed them back into the shade under on the small boat.

패턴과 어휘

- brown + 명사
  ~을 갈색으로 만들다, 그슬르다
- dinghy   작은 배
- flying bridge   배의 최상층에 있는 가교
- handy   편한한, 가까운
- scull   노
- sling   물체에 묶여 있는 끈
- spear-fish   창살로 물고기를 잡다
- speckle   반점, 얼룩, 주근깨
- sunning mattress
  일광욕을 위한 매트리스
- tide   썰물과 밀물
- top side controls
  위쪽에 있는 통제장치들

그 보트는 조수와 미풍 속에서도 거의 움직이지 않았다. 그리고 그는 배의 위쪽에 있는 조정장치의 손잡이들 중의 하나에 소총의 멜빵을 걸었고 소총은 **편하게 거기에 걸려 있었다.** 그리고 나서 그는 가교 위에 있는 일광욕 매트리스에 누웠다. 등을 태우기 위해 배를 깔고 누운 채로, 그는 Roger와 소년들이 작살로 물고기를 잡는 곳을 보았다. 그들은 모두 잠수하고, **다양한 시간 동안** 물 밑에서 머물러 있다가 공기를 마시러 올라와서 다시 사라졌으며, 이따금씩 작살에 물고기를 끼워서 올라왔다. Joseph은 작살 끝에서 물고기를 한 마리씩 빼서 자신의 작은 배에 떨어뜨리면서 노를 젓고 있었다. 그는 Joseph이 고함지르고 웃는 소리를 들을 수 있었고, Joseph이 작살을 흔들어서 물고기들을 떼어 내거나 당겨서 느슨하게 한 후에 작은 보트에 있는 그늘 속으로 던져 넣을 때, 빨강색 혹은 갈색 반점과 섞인 빨강색 혹은 빨강과 노랑 혹은 줄무늬가 있는 노랑색 등과 같은, 물고기들의 밝은 색을 볼 수 있었다.

구조 해설

① hung there handy : handy 는 보어적으로 사용된 말

② varying lengths of time : 시간의 부사구로 해석. '다양한 길이의 시간동안'

041

Is it mercy to kill them?
자비의 살인이 필요할 때도 있지 않나요?

Redburn | Herman Melville

❶ **The woman refusing to speak, eat, or drink**, I asked one of the girls who they were, and where they lived; but she only stared vacantly, muttering something that could not be understood. The air of the place was now getting too much for me; but I stood deliberating a moment, ❷ **whether it was possible for me to drag them out of the vault**. But if I did, what then? They ❸ **would only perish** in the street, and here they were at least protected from the rain; and more than that, might die in seclusion.

I crawled up into the street, and looking down upon them again, almost repented that I had brought them any food; ❹ **for it would only tend to prolong their misery**, without hope of any permanent relief: ❺ **for die they must very soon;** they were too far gone for any medicine to help them.

I hardly know whether I ought to confess another thing that occurred to me as I stood there; but it was this—I felt an almost irresistible impulse to do them the last mercy, ❻ **of in some way putting an end to their horrible lives;** and I should almost have done so, I think, ❼ **had I not been**

패턴과 어휘

- crawl 기다, 기어가다
- deliberate 숙고하다
- do + 명사 + mercy
  ~에게 자비를 베풀다
- mutter 불평 / 투덜대다 / 작게 말하다
- repent + that 절 어떤 사실을 후회하다
- seclusion 격리

그 여성이 말하거나, 먹거나, 마시는 것을 거부했기 때문에, 나는 그 소녀들 중의 하나에게 그들이 누구인지, 그들이 어디에 사는지를 물었다. 그러나 그녀는, 단지 알아들을 수 없는 어떤 것을 중얼거리며, 멍하게 응시할 뿐이었다. 그 곳의 공기는 나에게는 너무 무거웠다. 그러나 나는 한동안 내가 그들을 그 지하실 밖으로 빼내는 것이 가능하겠는지를 숙고하면서 서 있었다. 그러나 내가 그렇게 한다면, 그 다음엔 무슨 일이 생길까? 그들은 단지 길에서 죽을 것이고, 여기서 그들은 적어도 비로부터는 보호를 받고 있으며, 그 이상으로 보자면, 격리되어 죽을지도 모른다는 것이다.

나는 길거리로 기어 올라갔고, 그들을 다시 내려다보면서, 내가 그들에게 어떤 음식을 가져다 준 것을 거의 후회하고 있었다. 왜냐하면, 그것은 어떤 영원한 구제의 희망도 없이, 단지 그들의 비참함을 연장시킬 뿐인 것 같았기 때문이었다. 그리고 그들은 아주 금방 죽을 것임에 틀림없기 때문이었다. 너무 심각한 상황이라 어떤 약도 그들을 도울 수 없었다. 내가 그곳에 서 있을 때, 나에게 떠올랐던 또 다른 것을 고백해야 할지 잘 모르겠지만, 그것은 이와 같았다. 즉, 나는, 어떤 방식으로든 그들의 끔찍한 삶을 종결시켜줄 최후의 자비를 그들에게 베푼다는 거의 거부할 수 없는 충동을 느꼈다는 것이다. 그리고 내가 만약 법적인 생각들에

구조 해설

1. The woman refusing to speak, eat, or drink : 분사구문, 원래 의미는 As the woman refused to speak….
2. whether it was possible for me to drag them out of the vault : 앞에 있는 동사 deliberate 의 목적어 역할
3. would only perish : 앞에 if I did 에 걸리는 결과절
4. for it would only tend to prolong their misery : 앞 절에 음식을 가져다 준 결과에 대한 예측
5. for die they must very soon : 원형동사 die 가 must 뒤에서 앞으로 도치
6. of in some way putting an end to their horrible lives : 앞에 콤마가 있으므로 mercy 보다는 impulse 를 수식하려는 의도

041

Is it mercy to kill them?
자비의 살인이 필요할 때도 있지 않나요?

Redburn | Herman Melville

deterred by thoughts of the law. For I well knew that the law, which would let them perish of themselves without giving them one cup of water, would spend a thousand pounds, if necessary, in convicting him ❽ **who should so much as offer to relieve them** from their miserable existence.

패턴과 어휘

- deter + 명사   억제하다

의해 **억제되지 않았더라면** 내 생각에, 나는 거의 그렇게 했을 것이다. 왜냐하면 나는 그 법이, 그들에게 물 한컵 주지 않고 스스로 죽어가도록 허용할 바로 그 법이**,** 그들의 비참한 생활(생존)로부터 **그들을 구제(그들이 죽도록)해 줄 정도까지만 하려는** 사람(내가 될 수도 있었던)을 기소시켜 유죄로 만드는데 있어서, 필요하다면 일 천 파운드의 비용이라도 쓸 것이란 것을 잘 알고 있었다.

구조 해설

- **❼** had I not been deterred : 가정법에서의 도치, 원래 구조는 if I had not been deterred

- **❽** who should so much as offer to relieve them : should offer 사이에 so much as 를 삽입한 구조

042

It's lucky to have a clever dog
영리한 개를 만나는 것은 행운입니다

My Life with the Chimpanzees | Jane Goodall

Most of all, when I think of my childhood, I think of Rusty. There will never again be a dog like Rusty in my life. He wasn't even our dog—he lived in a hotel around the corner. I met him at a time when I used to take out a most beautiful collie called Budleigh for a lady who owned a sweetshop. I knew that she couldn't give him as much exercise as he needed, so I used to run down to the beach with him almost every day. Rusty began to **tag along**.

I used to try to teach "Buds" a few tricks—such as sitting up and begging for a **tidbit**, or sitting with a biscuit on his nose until I said "Okay." Then he could lower his nose and eat the biscuit as it fell to the ground. I never tried to teach Rusty anything. Then, one day when I was trying to teach Buds to shake hands, Rusty suddenly held out his paw. Of course, I made a big **fuss** over him—I had never thought him very intelligent before. But after that I began to teach him. In only three lessons he learned the biscuit-on-the-nose trick—but instead of lowering his nose when I said "Okay," he ❶**gave a little upward jerk of his head** so that the reward was tossed into the air. He caught and ate it as it fell.

패턴과 어휘

- fuss   야단법석
  (주로 뒤에 전치사 about, over)
- jerk   갑작스런 동작, 홱 젖힘 / 얼간이
- tag along   ~에 붙어서 따라다니다
- tidbit   맛있는 음식 조각

무엇보다도, 내가 나의 어린 시절을 떠올릴 때, 나는 Rusty를 생각한다. 내 삶에 다시는 Rusty같은 개는 없을 것이다. 그는 심지어 우리의 개도 아니었다. 그는 모퉁이에 있는 호텔에 살았다. 내가 과자 가게를 소유한 한 여성을 위해 Budleigh라고 불리는 매우 아름다운 콜리를 산책시키려고 데리고 나가곤 했던 때에, 그 개를 만났다. 나는 (개 주인인)그녀가 콜리가 필요로 하는 만큼 많은 운동을 시켜줄 수 없다는 것을 알았기 때문에, 콜리와 함께 거의 매일 해변까지 뛰어가곤 했다. 그 때 Rusty가 <mark>따라오기</mark> 시작했다.

　나는 Buds에게, 내가 "좋아"라고 말할 때까지 앉은 채로 <mark>맛난 먹을거리</mark>를 달라고 애원하거나, 코에 비스켓을 놓은 채로(먹지 않고) 앉아있기 와 같은, 몇 가지 재주들을 알려주기 위하여 노력하곤 했다. 내가 오케이를 말하고 난 후 그는 코를 낮추어 비스켓이 땅에 떨어지면 그것을 먹을 수 있었다. 나는 Rusty에게 결코 어떤 것도 가르치려고 하지 않았다. 그러던 어느 날 내가 Buds에게 악수하는 것을 가르치려고 노력하고 있을 때, Rusty는 갑자기 자신의 발을 내밀었다. 물론, 나는 그전에 그가 아주 똑똑하다고 생각한 적이 없었기 때문에, 그에게 <mark>법석</mark>을 떨었다(유별나게 칭찬을 했다). 그러나 그 후에 나는 그를 가르치기 시작했다. 단지 세 번의 수업 후에 그는 비스킷을 코 위에 놓고 기다리는 재주를 익혔다. 그러나 내가 "오케이"할 때 코를 낮추는 대신, 그는 **머리를 위쪽으로 젖혀서** 그 보상품인 비스켓이 공중에 던져지게 했다. 그래서 그는 그것이 떨어질 때 입으로 잡아서 먹었다.

구조 해설

① gave a little upward jerk of his head : give a jerk of + 신체일부 패턴으로, '신체의 일부를 갑자기 꺾거나 젖히다'

043

The bus has long gone
있을 때 잘하세요

Webster's New World letter writing handbook | R.W.Bly

Some sales letters simply express appreciation of past business and say the customer has been missed; some ask casually what is wrong; some assume a grievance and lavishly promise to make things right.

Dear Former Client:

Have you heard the saying, "Old friends are like the ticking of a clock?" You get ❶ **so used to hearing the tick that you rarely notice it until it stops**. We get used to doing business with old customers, too — ❷ **so much so, that** now and then we assume that everything is running along smoothly and we sometimes fail to express our appreciation as often as we should. And then, suddenly the clock stops and we find that an old customer has stopped buying. That's the position in which we find ourselves with you — your company stopped doing business with us. We are wondering if you would tell us frankly just what the trouble has been — whether there is ❸ **something we did not do that we should have done**, and whether there is anything we can do now to get you back on our list of regular clients. If there is, we surely want to do it. If there is anything wrong,

---

패턴과 어휘

- grievance   불평   - lavishly   아낌없이, 후하게

어떤 영업과 관련된 서신들은 단지 과거의 거래에 대한 감사를 표현하며 고객이 떠나 아쉽다고 말한다. 어떤 편지들은 무엇이 잘못되었는지(그래서 고객이 떠났는지)를 가볍게 물어본다. 어떤 편지는 불만사항을 상정하고 상황을 바로 잡겠다고 무턱대고 약속한다.

예전에 고객이었던 분에게
당신은 "오랜 친구는 시계의 재깍 소리와 같다"라는 속담을 들어본 적이 있습니까? 여러분은 **그 재깍 소리에 너무 익숙해져서 그것이 멈출 때까지 거의 그 소리를 알아챌 수 없습니다**. 우리는 단골 고객과 일을 하는 것에 역시 너무 익숙해져 있습니다. **너무도 그러하여(너무도 익숙해서)**, 이따금씩 우리는 모든 것이 매끄럽게 흘러가고 있다고 상정하며 때때로 우리가 해야 하는 것만큼 자주 감사를 표현하지 못 합니다. 그런 후에, 갑자기 시계가 멈추고 우리는 오랜 고객이 구매하는 것을 멈췄다는 것을 발견합니다. 그것이 바로 우리가 당신과 함께 발견하고 있는 우리 스스로의 위치입니다(현재 우리가 당신과 처한 입장). 당신의 회사는 우리와 함께 일하는 것을 그만 두었습니다. 우리는 당신이 우리들에게 솔직하게 무엇이 문제였는지 말해줄 수 있는지가 궁금합니다. 즉, **우리가 했어야 하는데 하지 못 했던 어떤 것**이 있는지 없는지, 그리고 우리가 단골 고객 명단에 당신을 되찾아 올리기 위해 지금 할 수 있는 어떤 것이 있는지 등이 궁금합니다. 만일 있다면, 우리는 확실히 그것을 하기를 원합니다.

구조 해설

① so used to hearing the tick that you rarely notice it until it stops : so + 형용사, 부사··· that 절

② so much so, that : 앞의 so 는 much 를 수식하는 부사이며 뒤의 so 는 앞에 나온 절 전체를 대신 받은 대명사적 역할. 뒤의 that 절은 첫 번째 so 와 연동됨.

③ something we did not do that we should have done : 두 개의 수식절이 연이어서 앞의 something 을 꾸미고 있음. 이 경우는 두 번째 수식절부터 먼저 해석하는 것이 좋음.

043

The bus has long gone
있을 때 잘하세요

Webster's New World letter writing handbook | R.W.Bly

let us see what is out of kilter. Mistakes will happen at times, of course, and if one has occurred in your case, we hope you will tell us about it. We think we can fix it up the very day we receive your reply. Like any successful business, our
5 progress is largely dependent on satisfied clients. That's why we want you satisfied and that's why we earnestly request you to fill in the attached postage-free business reply card. Let's see if we can get the old clock to ticking again. Sincerely.

패턴과 어휘

| - earnestly | 성실하게, 열심히 | - kilter | 호조, 순조로움 |

만일 잘못된 어떤 것이 있다면, 우리가 무엇이 고장 나 있는지를 알게 해주시기 바랍니다. 물론, 실수는 때때로 발생하겠지만, 만일 하나라도 당신의 경우에 일어났다면, 우리에게 그것에 대하여 말해주기를 희망합니다. 우리는 우리가 당신의 응답을 받은 바로 그날에 그것을 수정할 수 있다고 생각합니다. 다른 어떤 성공적인 사업처럼, 우리의 발전은 대부분 만족한 고객 분들에게 달려 있습니다. 따라서 우리는 당신이 만족하기를 원하며 당신에게 첨부된 엽서인 무료 회신 카드를 채워주시기를 열성적으로 부탁합니다. 우리가 그 오래된 시계가 다시 재깍거리게 할 수 있는지를 보게 해 주세요.

진심을 담아.

044

He is a white-consumer
이런 고객의 말에 귀를 기울이세요

ネイティブはこう書く！英文ビジネスメール・レター | R.W.Bly

For Christmas my nine-year-old son received the Action Robot construction set. Although he looked forward to building the robot, this didn't happen for several reasons. The main problem is your instructions, which are incomplete, vague and extremely difficult to follow. I found the instructions almost impossible to follow. Also, many of the joints do not connect easily; ❶ **some, not at all**. None of the wheel joint caps will stay firmly on the axle, so the wheels always fall off. Perhaps the connectors are faulty. I have enclosed a parts list for our model where I have circled the connectors that do not work so that you are aware of the problem. I am very disappointed in the quality of this product (not to mention the disappointment of my son). What do you propose to do to restore my satisfaction and faith in TeleToys?

Sincerely.

패턴과 어휘

- axle 축
- restore 복구하다

크리스마스에 내 9살 된 아들이 액션 로보트 조립 세트를 받았다. 비록 그가 로보트 조립을 갈망하고 있었지만, 이것은 몇 가지 이유로 이뤄질 수 없었다. 그 핵심 문제는 당신의 안내서였는데, 그것들은 불완전하고, 애매하고 이해하기에 매우 어려웠다. 나는 그 안내서가 따라 하기에 거의 불가능하다는 것을 발견했다. 또한, 많은 결합 부분들이 쉽게 연결되지 않았다. **몇 개는, 전혀 되지 않았다.** 어떤 바퀴 연결 부분 덮개도 축에 단단히 고정되지 않는다. 따라서 바퀴가 언제나 떨어진다. 아마도 연결부분이 문제가 있는 것 같다. 나는, 당신들이 그 문제를 알도록 하기 위하여, 작동이 안 되는 연결 부위에 동그라미를 표시한 내가 산 모델의 부품 리스트를 동봉했다. 나는(내 아들의 실망은 말할 것도 없이) 이 제품의 질에 아주 실망했다. 당신은 TeleToys사에 대한 나의 만족이나 믿음을 회복시키기 위하여 무엇을 하겠다고 제안하겠는가?

구조 해설

❶ some, not at all : some do not connect at all 의 줄임말

045 We hardly find really kind workers at hospitals
저도 비슷한 경험 있습니다

Barron's ESL guide to American business English | A.B.Geffner

Dr. Linda Peters, Director
County General Hospital
Route 97
Callicoon, New York 11203

Dear Dr. Peters:

On the afternoon of October 8, my neighbor's son, Kevin Sawyer, was raking leaves in his family's yard when he tripped and fell. From the degree of pain he was obviously experiencing, I suspected he might have broken his ankle. Thus, as the only adult around at the time, I drove him to your hospital. When we arrived at the emergency room, no one was available to help Kevin from the car, and I had to help him hobble in as best as I could. The effort increased his pain, yet when we were inside, the receptionist, without looking up, told us to take a number and wait our turn. We waited for more than two hours before Kevin was seen by a doctor. As a member of the community your hospital serves, I am outraged by the treatment my young neighbor received. The lack of concern was upsetting; the lack of attention could have been life threatening. All of us in Wayne County deserve better treatment, and I hope you will look into the situation to see that ❶ **the suffering caused Kevin Sawyer is never again inflicted by an employee of** your institution. Yours truly,

책임자인, Linda Peters박사, County General 병원 , 97번가 Callicoon, 뉴욕11203

Peters씨 에게

   10월 8일의 오후에, 나의 이웃의 아들인 Kevin Sawyer가 발을 헛디뎌서 넘어졌을 때, 그는 집 뜰에서 나뭇잎들을 갈퀴로 긁어모으는 중이었습니다. 그가 분명히 겪고 있는 통증의 정도로 보아, 나는 그의 발목이 부러졌을지도 모른다고 의심했습니다. 그래서, 그 당시에 주변에 있던 유일한 어른으로서, 나는 그를 당신네 병원으로 운전해서 데려갔습니다. 우리가 응급실에 도착했을 때, Kevin이 차에서 내리는 것을 도와줄 수 있는 사람이 아무도 없었고, 나는 할 수 있는 최선을 다해 그가 절뚝거리며 안으로 걸어 들어가는 것을 도와야 했습니다. 그러한 노력은 그의 고통을 증가시켰지만, 우리가 안에 들어갔을 때, 접수계원은 고개 들어 우리를 쳐다보지도 않고 번호표를 받아 차례를 기다리라고 말했습니다. Kevin이 의사에게 진찰받기 전까지 우리는 두 시간 이상을 기다렸습니다. 여러분의 병원이 봉사하고 있는 지역사회의 일원으로서, 나는 나의 어린 이웃이 받았던 대우에 대해 분노합니다. 관심의 부족이 화가 나게 합니다. 그런 관심 부족은 생명을 위협할 수도 있었습니다. Wayne 지역에 있는 우리 모두는 더 나은 대우를 받을 권리가 있습니다. 그리고 Kevin Sawyer에게 초래된 고통이 다시는 여러분 기관의 어떤 직원에 의해서 (다른 이들에게) 가해지지 않도록, 귀하가 상황을 조사해보시기를 바랍니다. 진심을 담아.

패턴과 어휘

- inflict   고통, 부담, 해로움, 위험 등을 목적어로 받아서 '가하다'
- institution   기관, 시설
- hobble   절뚝거리며 걷다
- outrage   화나게 하다 (+ 명사1 + 명사2)
- trip and fall   발이 걸려 넘어지다

구조 해설

❶ the suffering caused Kevin Sawyer is never again inflicted : caused 이하는 과거분사 수식구로서 앞의 the suffering 을 꾸미고 있음. the suffering which was caused (to) Kevin is never inflicted 로 이해하면 됩니다.

046

No more buildings please!
자연 좀 그냥 내버려 두세요

Recycling Advanced English with Removable Key | C.West

I am writing to protest in the strongest terms about Rugley Council's consent to the planning application submitted on 13 February 2002 by the developers, Haslers. Their proposal is a purely commercial one, with no thought given to the requirements or rights of residents in the Oxley Park area. We, the Friends of Oxley Park, are determined to resist any development of this beautiful and historic park, which has offered incomparable leisure activities to generations of Rugley residents. We are not only apprehensive about the disruption to our lives during the actual construction of the proposed blocks of flats, but we are also extremely angry that the town will be losing a public amenity which will be impossible to replace. We call upon you to reconsider your decision in the light of my remarks, bearing in mind ❷ the considerable public support for our stand. The petition ❸ handed in to the Council offices last Monday was signed by approximately five thousand people, as you are no doubt aware.

패턴과 어휘

- apprehensive about	~에 대해 우려하는	- petition	탄원 / 탄원하다
- disruption	방해	- public amenity	공공의 편의시설
- consent to + 명사 / to + 동사원형 ~에의 동의 / ~에 동의하다			

나는, 개발업자인 Haslers에 의해 2002년 2월 13일에 제출된 계획서에 대한 Rugley 의회의 동의에 대해, 강력하게 항의하고자 글을 씁니다. **Oxley Park지역에 있는 거주자들의 필수적인 요구나 권리는** 전혀 고려되지 않고, 그들의 제안서는 단지 상업적인 것입니다. Friends of Oxley Park의 회원인 우리는 이 아름답고 역사적인 공원의 어떤 개발에도 저항하기로 결의했습니다. 왜냐하면 그 공원은 여러 세대의 Rugley 거주민들에게 비교할 수 없는 여가 활동들을 제공해왔기 때문입니다. 우리는, 제안된 몇 동의 아파트 건축 기간 동안 벌어질 우리의 생활에 대한 방해에 대해서 걱정할 뿐 만 아니라, 대체하는 것이 불가능할 공공 편의 시설을 우리 마을이 잃게 될 것에 극도로 분노합니다. **우리의 입장에 대한 상당한 대중적 지지**를 명심하면서 우리의 발언을 감안하여 여러분이 그 결정을 재고해줄 것을 요구합니다. **지난 월요일에 의회에 전달된** 그 탄원서는, 여러분도 확실히 아시듯이, 대략 5천명에 의해 서명되었습니다.

구조 해설

1. given to the requirements or rights of residents in the Oxley Park area : 과거분사에 의한 후치수식구
2. the considerable public support for our stand : 앞에 있는 bear 동사의 목적어
3. handed in to the Council offices last Monday : 앞에 있는 명사 petition 을 뒤에서 꾸미는 과거분사 후치수식구

047

More farmers' makets
산지에서 한 번만 거쳐서 소비자에게 갈 수 없나요?

State of the world 2008 | Gary T. Gardner

As more local farms and gardens are established, a growing number of farmers' markets and community-supported agriculture (CSA) operations are sprouting up. In the United States, there are now more than 4,300 farmers' markets and 1,100 CSA farms. These tie consumers and producers together—educating consumers about the source of their food, giving farms a better source of income, and, with CSAs, providing working capital to farmers(because CSA members purchase in advance a share of a farmers' annual production). Being part of a CSA or farmers' market can help reconnect consumers directly to the food cycle, obtaining fresh food straight from a farmer. And farmers' markets help increase community interactions: patrons shopping at these markets typically have 10 times more social interactions than ❶ **those shopping at grocery stores**.

패턴과 어휘

- community interaction   지역 사회 활동   - working capital   운영자금
- sprout up   솟아나오다, 싹트다, 움트다

더 많은 지역 농가들과 논밭들이 세워지면서, 새로 생겨나는 직거래 장터와 지역사회후원농업(CSA) 경영체의 **수가 증가하고 있습니다**. 미국에서는, 현재 4,300개가 넘는 직거래 장터와 1,100개가 넘는 CSA농가가 있습니다. 이것들은**,** 소비자들에게 음식의 근원에 대해 교육시키고, 농부들에게 더 많은 소득원을 제공하며, CSA의 경우에는 농부들에게 **운영자금**을 제공하면서 (왜냐하면 CSA 회원들은 농부의 연간 생산량의 일부를 미리 구입해주기 때문에), 소비자와 생산자를 함께 묶어줍니다. CSA 혹은 직거래 장터에 참여하는 것은**,** 농부로부터 신선한 음식을 직접 획득하면서, 소비자들을 직접적으로 식량순환과정에 다시 연결시키는 것을 도와줍니다. 그리고 직거래 장터는 **공동체의 상호작용**을 증가시키는 것을 도와줍니다. 즉, 여기서 쇼핑하는 고객들은**,** **식료품가게에서 쇼핑하는 이들**보다**,** 전형적으로 10배나 많은 사회적 교류들을 합니다.

구조 해설

❶ those shopping at grocery stores : shopping 이하가 앞의 those 를 꾸미는 구조

048

Is a real time machine possible?
만들수만 있다면...

Insurmountable Simplicities | Roberto Casati

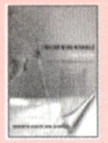

DEAR REVIEW COMMITTEE:

It is not our practice to raise complaints against a negative review report. We believe in peer refereeing and we respect it, ❶ **whatever its content and consequences.** However, in the case of our latest grant application (the "Time Machine" project), we cannot help but express our astonishment at the reasons given for your turning down our request for funding. Your main objection appears to be that our project is "philosophically interesting" but "useless in practice," by which you mean that the project "has no potential for application." We do not really think that the main criterion for judging the scientific value of a project should be its practical usefulness, but never mind that. Let us agree that usefulness is a relevant criterion, especially when large amounts of money are involved. Why should that be a reason to turn down our project? Quite frankly, we cannot think of a project with better application potential than ours. Some examples:

· Cultural tourism : One could send hordes of history fans

패턴과 어휘

- content
  명사로 '내용물' / 형용사로 '만족스런'
- criterion   명사로 기준, 복수는 criteria
- horde   무리, 떼 / 무리를 이루다
- referee   심판 / 판정하다
- relevant
  당면한 문제와 적절하게 관련되어 있는

검토위원회에게

　부정적인 심사 내용에 반대해서 불평을 하는 것은 우리의 관례가 아닙니다. **내용과 결과가 무엇이든 간에**, 우리는 동료의 심사를 믿으며 그것을 존중합니다. 그러나, 우리의 최근 보조금 신청(타임머신 프로젝트)에서, 여러분이 기금 요청을 거절하면서 제공한 이유들에 대해 우리는 놀람을 표현하지 않을 수 없습니다. 당신의 주된 반대이유는 우리의 프로젝트가 "철학적으로는 흥미롭지만 실질적으로 쓸모없다"라는 것으로 보이는데, 그것으로 여러분은 그 프로젝트가 "어떤 응용의 가능성도 없다"는 뜻으로 말하는 것 같습니다. 우리는 정말로 한 프로젝트의 과학적인 가치를 판단하는 것에 대한 주된 척도가 실질적인 유용성이 되어야 한다고 생각하지 않지만, 그것은 신경 쓰지 않습니다. 특히 많은 양의 돈이 결부될 때, 유용성이 적절한 척도라는 것에 동의해 보겠습니다. 왜 그것이 우리의 프로젝트를 거절할 이유가 됩니까? 아주 솔직히 말해서, 우리는 우리의 것보다 더 잠정적으로 응용가능성이 있는 어떤 프로젝트도 생각해낼 수 없습니다.

　몇 가지 예는 다음과 같습니다 :
　·문화 관광 : 사람들은(타임머신이 완성되면), 많은 무리의 역사 팬들을 프랑

구조 해설

❶ whatever its content and consequences : 뒤에 are 혹은 may be 가 생략된 양보절

048

Is a real time machine possible?
만들수만 있다면…

Insurmountable Simplicities | Roberto Casati

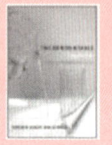

back in time to witness the crucial episodes of the French Revolution, or to watch the Egyptians build the pyramids, or to videotape Socrates' lectures.

· Exotic safaris : We have already received several applications for dinosaur-hunting expeditions (why not, since they died off anyway?)

· Historic documentaries : Think of the huge saving in set design, costumes, special effects, etc. (How much did Gladiator cost?)

패턴과 어휘

- costume 특정한 목적을 위해 입는 의상
- crucial 결정적으로 중요한
- episode 하나의 이야기, 일화
- Gladiator 검투사, 동명의 영화

스 혁명의 잔인한 장면들을 목격하기 위해서, 또는 이집트인들이 피라미드를 만드는 것을 지켜보기 위해서, 또는 소크라테스의 강연을 영상에 담기 위해서, 과거 시대로 되돌려 보낼 수 있을 것입니다.

·이국적인 사파리 여행 : 우리는 이미 여러 개의 공룡 사냥 탐험 신청을 받았습니다. (왜 안되나요? 그것들이 이미 멸종해서 인가요?)

·역사 다큐멘터리: 디자인, 의상, 특수 효과, 기타 등등에서 많은 절약을 생각해 보세요. (영화 Gladiator는 얼마의 비용이 들었을까요?)

049

Steve Austin
지금이라면 60 million dollar man?

American science fiction film and television | L.Geraghty

The Six Million Dollar Man was based on the 1972 novel Cyborg by Martin Caidin, and a made-for-TV movie was produced with Lee Majors starring as Steve Austin in 1973. The series quickly followed after another two films were made and the Austin character and backstory were fleshed out to emphasize his down-to-earth, self-made man persona. The survivor of an air crash, former astronaut Austin was rebuilt—his right arm, legs and left eye were replaced by bionic implants that enhanced strength, speed, and vision. A member of the Office of Scientific Intelligence (OSI), Austin was sent on numerous perilous missions ❶ **such as to retrieve stolen money, rescue military personnel, protect diplomats and prevent a** nuclear meltdown. Clearly inspired by the then current Cold War and espionage thrillers, The Six Million Dollar Man was just ❷ **as much a crime or detective series as a science fiction drama**. Budgetary constraints, as well as the limitations of visual and special effects techniques at the time, ensured that the series never just relied on the visual attraction of ❸ **seeing**

패턴과 어휘

- bionic implant   생체이식
- budgetary constraint   재정적 한계
- down to earth   매우 현실적인
- enhance   뒤에서 명사를 받아서
  '향상시키다, 강화시키다'
- espionage   첩자

- nuclear meltdown   핵 시설의 녹아내림
- perilous   위험한
- persona   인격, 배역
- star
  뒤에서 명사를 받아서 '누구를 주연으로 삼다'

6백만 달러의 사나이는 1972년의 Martin Caidin 작품인 Cyborg 라는 소설을 바탕으로 했으며, TV 영화는 Lee Majors가 1973년 Steve Austin 대령 배역을 맡아 제작되었다. 두 개의 영화가 만들어지고 난 후 그 시리즈가 재빨리 뒤이어 만들어졌으며 Austin이라는 배역과 그 뒷 이야기는, 현실적이며, 자수성가한 사람의 모습을 강조하기 위하여 살이 붙여졌다. 비행기 추락사고의 생존자이자 전직 우주비행사인 Austin의 몸이 재구성되었는데, 그의 오른팔, 양 다리들, 그리고 왼쪽 눈은 힘, 속도, 그리고 시력을 증가시키는 생체 공학적 이식물에 의해 대체되었다. 과학정보국의 구성원인 Austin은 도난당한 돈을 회수하거나, 군사요원을 구조하거나, 외교관을 보호하거나 핵용융을 막아내는 것과 같은 많은 위험한 임무들에 투입되었다. 당시에 존재하던 냉전과 스파이 공포물에 의해 명백하게 영감을 받은, 6백 만 달러의 사나이는 공상과학 드라마인 것만큼이나 범죄물 혹은 탐정물이기도 했다. 그 당시의 시각 효과 기술이나 특수 효과 기술의 한계 뿐만 아니라, 예산의 제약도 결코 그 시리즈가 Austin이 그의 초인적인 힘을

구조 해설

① such as to retrieve stolen money, rescue military personnel, protect diplomats and prevent a nuclear meltdown : 원래 mission + to VR 구조에서 such as 를 삽입시킴.

② as much a crime or detective series as a science fiction drama : as much A as B 구조에서 사용된 표현으로, 'B 만큼 A 이다' 라는 의미.

049

Steve Austin
지금이라면 60 million dollar man?

American science fiction film and television | L.Geraghty

Austin perform his superpowers. For sure, the series was known for the slow-motion action sequences and sound effects which highlighted the use of his powers, but these often took a backseat to the mystery and intrigue of the plot and Austin's weekly secret missions.

Nevertheless, it was not adverse to using politically sensitive topics as inspiration for storylines: The episode 'Outrage in Balinderry' (1975) blatantly alluded to the religious and political troubles in Northern Ireland at that time, with Austin sent to rescue the wife of the U.S. Ambassador kidnapped by freedom fighters claiming independence for their nation Balinderry (evidently a amalgamation of Ballymena and Londonderry).

패턴과 어휘

- allude to ~에 대해 언급하다, 넌지시 말하다
- amalgamation 합병, 융합, 혼혈
- be adverse to 뒤에서 명사를 받아서
- blatantly
  야하게, 난잡하게, 뻔뻔스럽게, 노골적으로
- intrigue 음모, 계략, 술책
- outrage 불법행위, 폭행, 유린 / 어기다, 폭행하다, 화나게 하다
- take a backseat to
  뒤에서 명사를 받아서 무엇에게 앞자리를 내어주다'

쓰는 것을 본다는 시각적인 매력에만 의존하지 않도록 만들었다. 확실히, 그 시리즈는 느린 동작의 연속된 연기 장면이나 힘이 사용되고 있음을 강조하는 음향 효과로 유명했지만, 이것들은 종종 줄거리 속의 미스터리나 음모 그리고 매주 벌어지는 Austin의 비밀 임무에게 있어서는 뒷자리를 차지할 뿐이었다.

그럼에도 불구하고, 줄거리에 영감을 주는 것으로서 정치적으로 민감한 사안들을 이용하는 것을 거부하지 않았다. 'Balinderry에서의 분노(1975)' 편에서는 그 당시 북아일랜드의 종교적이고 정치적인 문제를 노골적으로 암시하기도 했는데, Austin 대령은, Ballymena(북아일랜드의 도시)와 Londonderry(피의 일요일로 유명한, 영국에 의해 탄압받은 북아일랜드의 도시)의 합성어라는 게 명백한, Balinderry 라는 가상국의 독립을 요구하던 자유 전사들에 의해 납치된, 미국 대사의 부인을 구출하기 위해 파견된다.

구조 해설

❸ seeing Austin perform his superpowers : see + 목적어 + 동사원형 패턴

050

There should be no barrier
계급차별이 적어도 직업선택을 막을 순 없는 것

A short account of the history of mathematics | W.W.R.Ball

Gatpard Monge was born at Beaune on May 10, 1746, and died at Paris on July 28, 1818. He was the son of a small peddler, and was educated in the schools of the Oratorians, in one of which he subsequently became an usher. A plan of Beaune which he had made fell into the hands of an officer who recommended the military authorities to admit him to their training-school. His birth, however, precluded his receiving a commission in the army, but his attendance at an annexe of the school where surveying and drawing were taught was tolerated, though he was told that he was not sufficiently well born to be allowed to attempt problems which required calculation. At last his opportunity came. ❶ **A plan of a fortress having to be drawn from the data supplied by certain observations**, he did it by a geometrical construction. At first the officer in charge refused to receive it, because etiquette required that not less than a certain time should be used in making such

---

패턴과 어휘

- annexe 부가물, 부속건물 / 합병시키다, 부가시키다
- be tolerated 인내되다, 수용되다
- commission 장교로 임관시키다
- etiquette 예절, 관행
- geometrical 기하학상의
- peddler 행상인, 마약상
- preclude ~을 방해하다, 막다
- recommend [+ 명사 + to VR] 패턴에서 '~에게 하도록 추천하다'
- usher 안내인, 조교 / 안으로 안내하다

Gatpard Monge는 Beaune에서 1746년 5월 10일에 태어나, 1818년 7월 28일 파리에서 사망했다. 그는 작은 행상인의 아들이었으며, 오라토리오 수도사 학교들에서 교육을 받았는데, 그 중 한 곳에서 그는 나중에 조교사가 되었다. 그가 만들었던 Beaune의 도면이 그를 군사훈련소에 받아들이도록 추천한 장교의 손에 들어갔다. 그러나, 그의 태생은 그가 군대에 장교 임관을 받게 하는 것을 불가능하게 했다. 비록 그가 수학적 계산을 요구하는 문제들에 도전할 자격을 허용 받을 만큼 좋은 가문에서 태어나지 못했다는 말을 들었지만, 측량이나 제도가 가르쳐지던 학교의 부속기관에 출석하는 것은 허용되었다. 마침내 그의 기회가 왔다. **어떤 관측에 의해 제공된 데이터로부터 그려져야 하는 한 요새의 도면을**, 그는 기하학적 구조를 이용해 만들었다. 처음에 책임을 맡은 장교는 그것을 받아들이는 것을 거부했는데, 왜냐하면 관례가 이러한 그림들을

구조 해설

❶ A plan of a fortress having to be drawn from the data supplied by certain observations : 분사구문으로 이해해야 함. As a plan of fortress had to be drawn from the data supplied by certain observations, 로 보면 됩니다.

050

There should be no barrier
계급차별이 적어도 직업선택을 막을 순 없는 것

A short account of the history of mathematics | W.W.R.Ball

drawings, but ❶ **the superiority of the method over that then taught** was so obvious that it was accepted; and in 1768 Monge was made professor, on the understanding that the results of his descriptive geometry were to be a military secret confined to officers above a certain rank.

패턴과 어휘

- on the understanding that 절   어떤 사실을 양해한다는 조건으로

그리는데 있어서 적어도 어느 정도의 시간이 소요되는 것을 필요로 했기 때문이다. 그러나 **그 당시에 가르쳐지던 것에 비해 그의 방식의 우월함**은 너무 명백해서 그 도면은 받아들여졌다. 그리고 1768년에 Monge는**,** 그의 도형 기하학이 만들어낸 결과물들이 특정계급 이상의 장교들에게만 국한되는 군사적인 비밀**이어야 한다는 것을 양해하는 조건으로,** 교수가 되었다.

구조 해설

❶ the superiority of the method over that then taught : then 앞에 which was 가 생략되었으며 over 는 superiority 에 연동되어있음. over 대신 to 를 사용할 수 있고 that 은 the method 를 대신 받은 대명사임

051

Why so gready when there is enough?
남들과 함께 나누면 안되나요?

2048 | J. Kirk Boyd

A small percentage of belligerent people who are indifferent to others are shaping the world for the rest of us. I saw a good example of this attitude while looking out the window one morning while eating breakfast. A small bird on the lawn in front of our house was eating a dandelion, a small weed that sprouts up out of the ground. There were lots of dandelions, perhaps thirty or forty. As the bird was tugging off pieces and swallowing them, suddenly another bird, the same type and size, swooped down and scared the bird away. Then the new bird started eating the same dandelion.

Since there were lots of dandelions, the first bird moved to another one. Suddenly, the second bird again flew at the first bird causing it to fly away again. ❶ **Content with the abundance of dandelions**, the first bird moved on to another— ❷ **only once again to be chased away**. The second, aggressive bird continued this behavior until it drove the first bird away from the dandelions altogether.

Those who oppose freedom from want are like that second bird. They hoard all the dandelions for themselves when there are more than enough to go around. Fortunately,

---

패턴과 어휘

- aggressive   공격적인
- belligerent   호전적인, 싸움을 좋아하는
- dandelion   민들레
- hoard   저장물, 축적 / 저장하다
- swoop down   위에서 내리 덮치다
- tug off   잡아 뜯다
- want   부족함

타인들에게 무관심한 적은 비율의 적대적인 사람들이 나머지를 위한 세계의 모습을 꾸려가고 있다. 나는, 어느 날 아침식사를 하며 창밖을 보다가, 이러한 태도의 좋은 본보기를 보았다. 우리 집 앞마당의 풀 위에서 작은 새가, 땅에서 싹이 나온 작은 잡초인 민들레를 먹고 있었다. 많은 민들레가 있었는데, 아마도 삼 사십 개 정도가 되었다. 새가 그 조각들을 잡아당겨 삼키고 있었는데, 갑자기 같은 크기의 동종 다른 새가 덤벼 들어서 그 새를 겁주어서 쫓았다. 그런 후에 그 새로운 새는 같은 민들레를 먹기 시작했다.

많은 민들레가 있었기 때문에, 처음 새는 또 다른 곳으로 옮겨 갔다. 갑자기, 두 번째 새가 처음 새에게 달려들어 그 새를 다시 날아가 버리게 했다. 민들레의 풍부함에 만족하여, 그 처음 새는 또 다른 곳으로 옮겨갔는데, **결국 다시 한 번 쫓겨났다**. 그 공격적인 두 번째 새는, 그것이 처음 새를 완전히 민들레들로부터 몰아낼 때까지, 이 행동을 계속 했다.

가난으로부터의 자유를 반대하는 사람들은 두 번째의 새와 같다. 그들은, 모두에게 돌아갈 충분한 양 이상이 있을 때, 스스로를 위해 모든 민들레를 비축한

구조 해설

❶ Content with the abundance of dandelions : 앞에서 being 이 생략된 분사구문

❷ only once again to be chased away : only 뒤에 오는 to infinitive 는 주로 결과적으로 해석합니다.

051

Why so greedy when there is enough?
남들과 함께 나누면 안되나요?

2048 | J. Kirk Boyd

humans are smart enough to be able to construct an enforceable agreement through reading and writing that does not allow brutes to take all of our resources, including our human resources, for themselves. We humans are no better than the birds without the rule of law. Indeed, we lived without it for centuries, and plenty of people still behave that way. But the times are changing. Today there is an emerging movement to make economic and social rights, such as education and health care, ❶ **enforceable in courts of law**.

패턴과 어휘

- brute   짐승, 야만인, 야만성
- enforceable   강제할 수 있는

다. 다행히도**,** 인간들은 독서와 글쓰기를 통해서 **야만인들**이 그들 스스로를 위해 인적자원을 포함한, 우리의 모든 자원들을 가져가게 허락하지 않는**,** 강제적 협약을 구축할 수 있을 만큼 현명하다. 우리 인간들은 법이라는 규칙이 없이는 새와 다를 바가 없다. 정말로, 우리는 몇 세기 동안 법 없이 살아왔고, 많은 사람들이 여전히 그런 식으로 행동한다. 그러나 시대가 변하고 있다. 오늘날**,** 교육과 건강관리와 같은**,** 경제적이고 사회적인 권리들을 **법의 테두리에서 강제할 수 있게** 만드는 운동이 등장하고 있다.

구조 해설

❶ enforceable in courts of law : make 의 목적보어로 사용되었습니다.

052

You need a rest before you give yourself!
나도 휴식이 필요해!

Manage your mind | Gillian Butler

Assertiveness builds strength. The skills of assertiveness help you to build the stamina and strength to stand up for yourself, and so they also strengthen your relationships by placing them on an equal and robust footing. Linda was a high-school teacher, with her own teenage children at home, who found that as soon as she left work and set foot in her home, her family would begin to make demands on her. Because she was tired, she often snapped back and was irritable, and then the tensions would quickly escalate. She decided to make use of assertiveness skills. She explained that she was tired when she came home and needed a few minutes of peace and quiet. She said she would ❶ **make herself a cup of tea** and take it into the sitting room, where she would drink it slowly by herself before joining the fray once more. At first her family continued to make the usual demands and interruptions, assuming that she would soon return to her old familiar, and irritable self. But she persisted, chasing them out of the sitting room if necessary, until the new ways became second nature, both for her and for her family.

Risking even small changes takes courage—for an aggressive person as much as for a passive one. "Giving way

패턴과 어휘

- robust   강건한, 난폭한, 감칠맛이 있는
- fray   신경을 긁다, 긁어대다 / 싸움, 소동
- snap back   갑작스런 반발 / 확 반발하다

자기 주장이 강함을 기른다. 자기주장의 기술은 당신이 체력과 힘을 당신 자신을 지지하기 위하여 구축하도록 도와주며, 따라서 그 기술들은 또한 똑같은 **강건한** 기반 위에 당신의 인간관계들을 놓음으로써 당신의 대인관계들을 강화시킨다. Linda는 십대 아이들을 둔 고등학교 선생님이었는데, 그녀가 퇴근해서 집에 발을 들여놓자마자, 그녀의 가족이 그녀에게 여러 가지 요구를 시작할 것이라는 것을 알았다. 피곤했기 때문에, 그녀는 종종 말을 **되받아치고** 짜증이 나기 쉬웠으며, 그러면 (가족 간의)긴장이 급속히 고조되었다. 그녀는 자기주장 기술을 이용하기로 결정했다. 그녀는 집에 왔을 때 피곤하며 몇 분의 평화와 안식이 필요하다고 설명했다. **가족과의 소동**에 합류하기 전에, 그녀는 **스스로 한 잔의 차를 만들어서** 그것을 응접실로 가져가 혼자서 천천히 마실 것이라고 말했다. 처음에는 가족들이, 그녀가 오래된 친숙한, 짜증을 내는 본래의 모습으로 금방 돌아올 것이라고 생각하면서, 일상적인 요구와 방해를 계속 했다. 그러나 그녀는, 새로운 방식들이 그녀와 가족들에게 습관이 될 때까지, 필요할 경우 가족들을 거실에서 쫓아내면서, 완고하게 그 행동을 계속했다.

   심지어 작은 변화들을 감행하는 것도 용기가 필요한데, 수동적인 사람들에게 만큼이나 적극적인 사람에게도 그러하다(용기가 필요하다). "감정에 굴복하는

구조 해설

❶ make herself a cup of tea : 수여동사 make 로 해석한다. 즉, '남이 차려주는 것이 아니라 스스로에게 만들어 준다' 는 의미

052

You need a rest before you give yourself!
나도 휴식이 필요해!

Manage your mind | Gillian Butler

to feelings," and "allowing your heart to rule your head" are only too readily labeled as signs of weakness. But taking the risk helps people to build confidence and self-esteem, and to take pleasure in feeling stronger. Being fair to yourself in this way also demonstrates your worth—to yourself and to others. It shows that ❶ **you are worth considering and caring for in the same way as others**.

If you make your own needs clear, you are less likely to be irritable and more likely to have the strength to respond to the demands others make on you. If you fail to make your needs clear, but instead bottle them up or sit on them, or hide them under a self-deprecating smile, they will not go away but will ❷ **gnaw at you inside**, and make you feel resentful toward others. This resentment may eventually burst out as aggression. Indeed, many unassertive people fail to speak up for themselves precisely because they fear that, if they were to do so, the floodgates of their anger would open. Expressing yourself assertively defuses and bypasses the resentment and the anger, which quickly dissipate in the light of fair play (see chapter 16).

패턴과 어휘

- bottle up   억누르다
- bypass   우회로 / 회피시키다, 우회시키다
- defuse   퓨즈를 제거하다, 긴장을 누그러뜨리다
- dissipate   흩어서 없애다, 없어지다
- floodgate   수문, 배출구
- self-deprecating   스스로를 반대하거나 비하하는

것" 그리고 "당신의 기분이 당신의 머리를 지배하게 하는 것"은 연약함의 표시들로 단지 너무 쉽게 분류되고 있다. 그러나 위험을 감수하는 것은 사람들이 자신감과 자존감을 세우는 것에 도움이 되며, 더 강해진다는 느낌 속에서 즐거움을 얻도록 돕는다. 이런 식으로 당신 자신에게 공정하게 되는 것은 또한 당신의 가치를, 자신과 타인에게 증명하는 것이다. 그것은 **다른 사람들과 같은 방식으로 당신도 고려하고 돌볼 가치가 있다는** 것을 보여준다.

　만일 당신이 자신의 요구들을 명백히 한다면, 당신은 덜 예민하게 되며 다른 이들이 당신에게 하는 요구들에 반응하기 위한 힘을 가질 가능성이 더 커진다. 만일 당신이 당신의 요구들을 명백히 하지 못하고, 대신에 그것들을 틀어막거나 눌러버리거나, 또는 자기비하적인 미소 아래서 감춘다면, 그것들은 사라지는 것이 아니라 내부에서 당신을 갉아먹으며, 타인들에 대해 분노감을 느끼도록 만들 것이다. 이 분노는 결국은 공격적으로 터져 나올 것이다. 정말로, 자기주장이 없는 많은 사람들은, 만약 자신들이 자기주장을 하면, 분노의 수문이 터져 버릴까봐 두려워하기 때문에, 정확하게 자신을 대변하는데 실패한다. 스스로 자기주장을 표현하는 것은 분노(화)를 진정시키고 지나가게 만드는데, 이런 분노들은 공정한 게임이라는 정신 속에서 빨리 없어지는 것이다.

구조 해설

❶ you are worth considering and caring for in the same way as others : worth 뒤에서 타동사와 전치사의 의미상 목적어가 be 동사의 **주어**이다.

❷ gnaw at you inside : inside 는 장소의 부사이다. → '내부에서'

053

I exist everywhere in the world!
우리 어머니를 묻어 주세요

Warrior of the Light - Volume 3 | Paulo Coelho

Returning to the world after death. I've always thought about what happens when we scatter a little of ourselves across the Earth. ❶ **I have had my hair cut in Tokyo, have clipped my nails in Norway, watched my blood flow from a wound halfway up a mountain in France**. In my first book, "The Archives of Hell" (which has never been reprinted), I speculated about this, as if we felt we had to sow a little of our own body in various parts of the world, so that in a future life, something would be familiar to us. I recently read in the French newspaper Le Figaro, ❷ **an article** by Guy Barret about a true story which took place in 2001, when someone took this idea to its final conclusion.

It was about the American Vera Anderson, who spent her entire life in the town of Medford, Oregon. In old age, she was the victim of a cardiovascular accident made worse by emphysema of the lungs, forcing her to spend years in her room connected to a balloon of oxygen. As if all this wasn't enough of a burden, Vera's case was even more cruel, because she had always dreamed of going round the world, and had saved up in order to do so in retirement.

Vera managed to be transferred to Colorado, so that she might spend her remaining days in the company of her son,

---

패턴과 어휘

- cardiovascular   심장 혈관의   - speculate about   ~에 대해 심사숙고하다
- emphysema   폐기종

사후의 세계로 돌아가기. 나는 언제나, 우리가 지구 위에다가 우리 몸의 일부를 흩어 놓는다면, 무슨 일이 일어날지에 대해 생각해왔다. **나는 도쿄에서 머리를 잘랐고, 노르웨이에서 손톱을 깎았고, 프랑스에 있는 구불거리는 산 중턱쯤에서 내 피가 흐르는 것을 보았다.** 나의 첫 번째 책인 'The Archives of Hell' (이 책은 재인쇄되지 못했다)에서, 마치 우리가 미래의 삶에서 무언가가 친숙해 지도록 하기 위해, 우리가 신체의 일부를 세계 도처에 뿌려놓아야 할 것 같다고 느끼듯이, 나는 이것에 대해 숙고해봤다. 나는 최근에 프랑스 신문 Le Figaro 에서, 2001년에 벌어진 하나의 실화에 대해 Guy Barret이 쓴 **기사**를 읽었는데, 그 때 누군가가 이 생각을 최종 결론에 써먹었다.

그것은 미국인 Vera Anderson에 관한 것이었는데, 그녀는 전 생애를 Oregon에 있는 Medford지역의 마을에서 보냈다. 나이가 들어서, 그녀는 폐기종에 의해 더 악화된 심혈관계 질환의 희생자가 되어, 산소 공급기에 연결된 채로 그녀의 방에서 수년을 보내게 되었다. 마치 이 모든 것이 충분히 버겁지 않았던 듯, Vera의 경우는 훨씬 더 잔인했다. 왜냐하면 그녀는 항상 세계를 여행하는 것을 꿈꿔왔으며, 은퇴하고 그렇게 하기 위하여, 돈을 모아왔기 때문이다.

Vera는 그녀의 아들인 Ross와 함께 여생을 보내기 위해서 겨우 Colorado

구조 해설

❶ I have had my hair cut in Tokyo, have clipped my nails in Norway, watched my blood flow from a wound halfway up a mountain in France : 첫 번째 have had 는 cut 을 수동목적보어로 받아서 남들에게 목적어를 어떻게 되도록 시킨다는 의미이다. 두 번째 have clipped 는 주어가 스스로 한 행위이며 watched 앞에서 have 다음에 공통으로 걸리는 과거분사이며 뒤에서 flow 를 원형부정사 목적보어로 받았다. halfway 이하는 장소의 부사구이다.

❷ an article : 앞에 있는 동사 read 의 목적어이다.

053

I exist everywhere in the world!
우리 어머니를 묻어 주세요

Warrior of the Light - Volume 3 | Paulo Coelho

Ross. There, before making her final journey— ❶ **the one none of us return from**—she took a decision. Since she would never get to know even her own country, she would travel after she died.

Ross went to the local notary office and registered her mother's will: when she died, she wished to be cremated. So far, ❷ **nothing unusual**.

But the will went on: her ashes ❸ **were to be placed in 241 little bags, which were to be sent to the chiefs of the mail services** in 50 American states, and each of the 191 countries in the world—so that at least part of her body would ❹ **end up visiting** the places she always dreamed about.

As soon as Vera departed, Ross fulfilled her last wish with ❺ **the dignity one would expect of a son**. Each parcel carried an accompanying letter asking for a laying to rest ❻ **worthy of his mother**.

All the people who received Vera Anderson's ashes respectfully obeyed Ross's wish. On the four corners of the Earth, a silent chain of solidarity was formed, ❼ **along which** unknown well-wishers organized diverse ceremonies

패턴과 어휘

- cremate 화장하다, 시체를 소각하다
- depart 떠나다
- a laying to rest 영면, 안식
- notary office 공증 사무소
- solidarity 결속, 단결

로 옮겨졌다. 거기서, 그녀의 마지막 여행, 즉 우리들 중 누구도 그곳으로부터 다시는 돌아올 수 없는 그런 여행을 하기 전에, 그녀는 하나의 결심을 했다. 자신의 나라조차도 (죽고 나면)결코 알게 될 수 없었기 때문에, 그녀는 죽은 후 여행을 하기로 했다.

Ross는 지역의 공증인에게 가서 어머니의 유언을 등록했다. 죽었을 때 그녀는 화장되기를 원했다. 여기까지는, 그리 특별할 것이 없다.

그러나 그 유언은 계속 이어졌다. 즉, 화장한 후 그녀의 재가 241개의 작은 가방들에 놓여져서, 일부는 미국의 50개 주에 있는 우편물 센터의 책임자에게 보내지고, 나머지 191개는 각각 전 세계의 우편국에 보내지게 되어 있었다. 그러면 적어도 그녀의 신체 일부가 궁극적으로 항상 꿈꿔왔던 장소들을 방문하게 될 것이었다.

Vera가 죽고, Ross는 누구라도 아들에게 기대할만한 존엄을 담아서 그녀의 마지막 소원을 들어주었다. 각각의 소포는 어머니에게 어울릴 장례를 부탁하는 편지를 동봉했다.

Vera Anderson의 재를 받은 모든 사람들은 Ross의 소망을 존중하며 들어주었다. 지구의 네 방면에서, 조용한 연대의 사슬이 형성되었는데, 그것과 함께

구조 해설

1. the one none of us return from : the one 다음에 from 의 목적격 관계대명사 which 가 생략되었다.
2. nothing unusual : nothing 다음에 절 구조를 갖춘다면 had been 이 생략되었다.
3. were to be placed in 241 little bags, which were to be sent to the chiefs of the mail services : 여기서 were to 는 예정적 의미이다.
4. end up visiting : end up + ing 에서 ing 이하는 분사구문에서 비롯된 표현이다.
5. the dignity one would expect of a son : expect A of B 구조에서 A 가 앞으로 나가 선행사가 되었고, one 앞에서 관계대명사 which 가 생략되었다.
6. worthy of his mother : which was worthy of his mother 구조에서 생략되었으며 앞의 a laying 을 꾸미고 있다.
7. along which : a chain of silent solidarity 를 선행명사로 보면 됩니다.

053

I exist everywhere in the world!
우리 어머니를 묻어 주세요

Warrior of the Light - Volume 3 | Paulo Coelho

and rites, always taking into consideration ❶ **the place** the deceased woman would ❷ **liked to have known**.

Thus, Vera's ashes were scattered on Lake Titicaca, in Bolivia, following the ancient traditions of the Aymara Indians; on the river outside the royal palace in Stockholm; on the banks of Choo Praya, in Thailand; at a Shinto temple in Japan; on the icecaps of Antarctica; in the Sahara desert.

The brothers of a charitable orphanage in South America (the article doesn't say which country) prayed for a week before casting the ashes in the garden - and they then decided that Vera Anderson should be considered a type of guardian angel of that place.

Ross Anderson received photos from the five continents, from all races and cultures, showing men and women honoring his mother's last wish. When we see such a divided world as today's, and think ❸ **no one could care less about each other**, this last journey of Vera Anderson fills us with hope, knowing that respect, love and generosity still dwell in the souls of our fellow men and, women, however distant they may be.

패턴과 어휘

- charitable orphanage   자선 고아원
- guardian angle   수호천사
- dwell in   ~에 살다

죽은 여성이 언제나 **알고 싶었던 장소**를 고려하면서, 무명의 지지자들이 다양한 장례식과 의식을 설계했다.

따라서, Vera의 재는**,** Aymera 인디안의 고대 전통에 따라, 볼리비아에 있는 Titicaca호수에, Stockholm에 있는 왕궁 밖의 강에, 태국에 있는 Choo Praya의 강둑에, 일본에 있는 Shinto 사원에, 남극의 만년설에, 그리고 사하라 사막에 뿌려졌다.

남아메리카(그 기사는 어떤 나라인지는 말하지 않았다)에 있는 자선 고아원 원생들이**,** 정원에 재를 뿌리기 전에 한 주간 기도했으며**,** 그들은 Vera Anderson이 그곳의 전형적 수호천사로 여겨져야 한다고 결정했다.

Ross Anderson은 5개의 대륙에서, 모든 인종들과 문화들로부터, 그의 어머니의 마지막 유언을 기리는 남자와 여자를 보여주는 사진을 받았다. 우리가 오늘날과 같은 이렇게 분열된 세계를 볼 때, 그리고 **누구라도 서로에 관해 지금보다 관심을 덜 가질 수는 없을 것**이라고 생각할 때, Vera Anderson의 이 마지막 여행은 우리를 희망으로 채워주며**,** 아무리 멀리 있을지라도 존중과, 사랑과 관대함이 여전히 우리 남녀 동료들의 영혼 속에 살고 있다는 것을 알게 한다.

구조 해설

❶ the place : 앞에 있는 taking 의 목적어입니다.

❷ liked to have known : '알고 싶었던' 이라는 의미인데 '실제로는 알지 못했다' 라는 의미까지 포함되어 있습니다. 이것은 소망이나 의도를 의미하는 동사의 과거형 뒤에 to have pp 라는 완료부정사를 달아서 사용합니다.

❸ no one could care less about each other : 비교급을 부정하여 최상의 의미를 만들기 때문에 원래 직역적 의미는 '그 누구도 서로에 대해 더 무심할 수가 없다, 즉 최고로 무심하다'입니다.

054

I am happy with those old cups and saucers
옛것은 향기가 나요

True Tales of American Life | Paul Auster

In 1949, my parents made the big move from Rockford, Illinois to Southern California, along with three very tiny children and all their household possessions. My mother had carefully wrapped and packed many precious family heirlooms, including four cartons of her mother's hand-painted dinner china. Grandmother had painted this lovely set herself, choosing a forget-me-not pattern. Unfortunately, something happened during the move. One box of the china ❶ **didn't make it**. It never arrived at our new house. So my mother had only three-quarters of the set — she had plates of different sizes and some serving pieces, but ❷ **missing were the cups and saucers and the bowls**. Often at family gatherings or when we would all sit down for a Thanksgiving or Christmas dinner, my mother would say something about the missing china and ❸ **how she wished it had survived the trip**. When my mother died in 1983, I inherited Grandmother's china. I, too, used the set on many special occasions, and I, too, wondered what had happened to the missing box. I love to prowl antique shops and flea markets, hunting for treasures. It's great fun to walk up and down the aisles early in the morning, ❹ **watching as the vendors spread their wares on the ground**. I hadn't been

패턴과 어휘

- family heirloom   가보
- forget-me-not   가산명사로 '물망초'
- prowl   배회하다, 돌아다니다

1949년에, 나의 부모님들은 Illinois에 있는 Rockford에서 남부 캘리포니아로, 세 명의 아주 어린 아이들과 그들의 모든 재산과 함께 대규모의 이사를 했다. 나의 어머니는, 그녀의 어머니가 손수 그린 만찬 도자기 네 상자를 포함해서, 귀중한 가보들을 세심하게 포장하고 꾸렸다. 할머니는, 물망초 무늬를 골라서 이 사랑스러운 도자기세트를 직접 색칠하셨다. 불행히도, 이사하는 동안 어떤 일이 벌어졌다. 즉, 도자기 한 상자가 일이 생겨서, 우리의 새집에 도착하지 못했다. 따라서 나의 어머니는 단지 그 세트 중의 3/4, 즉 각각 다른 크기의 접시와 몇 가지 접대용 도자기를 소유했고, 없어진 것은 컵과 컵 받침대와 사발들이었다. 가족 모임이나 우리가 추수감사절이나 크리스마스 만찬을 위해 모여 앉았을 때 종종, 나의 어머니는 그 없어진 도자기에 대한 어떤 사실과 그것들이 무사히 이사하는 일을 견뎌 냈었으면 얼마나 좋았을지 말하곤 했다. 나의 어머니가 1983년에 돌아 가셨을 때, 나는 할머니의 도자기를 물려받았다. 나도 역시 많은 특별한 행사 때마다 그 세트를 사용하곤 했고, 그 사라진 상자에 무슨 일이 일어났었는지 궁금했다. 나는, 보물을 찾아서, 골동품 가게와 벼룩시장을 다니는 것을 좋아한다. 상인들이 그들의 제품들을 바닥에 펼쳐 놓는 것을 지켜보면서, 아침 일찍 통로를 왔다 갔다 하는 것은 아주 재미있다. 나는 일 년 넘게 벼

구조 해설

① **didn't make it** : '성공적으로 수행해내지 못하다, 중도에서 실패하다' 라는 의미이므로 it 은 앞의 상황을 말한다.

② **missing were the cups and saucers and the bowls** : 원래 어순은 the cups and saucers and the bowls were missing.

③ **how she wished it had survived the trip** : wish 동사는 뒤에서 과거나 과거완료시제의 절을 받아서 가정법, 즉 '이루어지지 않은 사실을 아쉬워한다' 라는 의미로 사용된다.

④ **watching as the vendors spread their wares on the ground.** : watch 다음에 접속사 as 를 넣음으로서 뒤의 절을 일종의 목적어절로 만들었는데, 이 경우 접속사를 생략하고 바로 the vendors 를 목적어로 보고 뒤의 spread 를 원형동사로 사용해도 같은 의미가 됩니다.

054

I am happy with those old cups and saucers
옛것은 향기가 나요

True Tales of American Life | Paul Auster

to a flea market in over a year, when, one Sunday in 1993, I **got the itch to go**. So I crawled out of bed at 5 A.M. and drove an hour in the pre-dawn darkness to the giant Rose Bowl Flea Market in Pasadena. I walked up and down the outdoor aisles, and after a couple of hours I was thinking about leaving. I rounded the last corner and took a few steps down the row, when I noticed some china strewn on the macadam. I saw that it was hand-painted china... with forget-me-nots!.

I raced over to look at it more closely and gingerly picked up a cup and saucer... forget-me-nots!.

Exactly like Grandmother's china, with the same delicate strokes and the same thin gold bands around the rims. I looked at the rest of the items—there were the cups! The saucers! The bowls! It was Grandmother's china! The dealer had noticed my excitement, and when she came over I told her the story of the missing box. She said the china had come from an estate sale in Pasadena—the next town over from Arcadia, where we had lived when I was a child. When she was going through the contents of the estate, she had found an old unopened carton stored in the garden shed and the china was in it. She questioned the heirs about the china and

패턴과 어휘

- gingerly   조심스럽게
- get the ich to VR   ~하고 싶어 근질거리다
- macadam   도로용 쇄석

룩시장을 가지 못했는데, 1993년 어느 일요일에 나는 **몹시 가고 싶었다**. 결국 나는 새벽 5시에 침대에서 기어 나와서, pasadena에 있는 거대한 Rose Bowl Flea Market을 향해, 동트기 전의 어두움 속에서 한 시간을 운전해갔다. 나는 바깥쪽 통로를 왔다 갔다 했고, 두어 시간쯤 후에 그만 떠나려고 하고 있었다. 나는 마지막 모퉁이를 돌아서 줄지어진 열을 따라 몇 걸음을 옮겼는데, 그때 **쇄석도로** 위에 흩어진 도자기 몇 개를 보았다. 나는 그것이**,** 물망초무늬가 있는, 손으로 그린 도자기라는 것을 알아챘다!

  나는 그것을 더 자세히 보기 위해서 달려가서 **조심스럽게** 컵과 받침을 집어 올렸는데 물망초였다!

  할머니의 도자기와 똑같은, 동일한 섬세한 터치와 같은 테두리 주변의 황금빛 띠를 가진. 나는 그 물건들의 나머지도 보았는데**,** 컵들이 있었다! 그 컵 받침도! 사발도! 그것은 할머니의 도자기였다! 그 상인은 나의 흥분을 알아챘고, 그녀가 다가왔을 때 나는 그녀에게 없어진 도자기상자의 이야기를 해주었다. 그녀는 그 도자기는 Pasadena의 한 부동산매물에서 나왔다고 말했다. 그런데 그 마을은 내가 어렸을 때 우리가 살았던 Arcadia의 옆 마을이었다. 그녀는 집의 내부를 살펴보던 중에, 정원 창고에 보관된 오래 개봉되지 않은 상자를 발견했는데, 그 안에는 도자기가 있었다. 그녀가 그 집 상속자들에게 그

구조 해설

❶ got the itch to go : itch 는 원래 '가려움증' 을 의미하지만 뒤에 to 부정사를 달면 일종의 욕구가 됩니다.

054 I am happy with those old cups and saucers
옛것은 향기가 나요

True Tales of American Life | Paul Auster

they said that they knew nothing about it, that the box had been in the shed "forever." I left the Rose Bowl Flea Market that day laden with my amazing treasure. Even now, six years later, I am filled with ❶ **wonder that "all the pieces of the universe" tumbled together to let me find the missing china**. What would have happened if I had slept in? What "gave me the itch" to go to the Rose Bowl on that particular day? What if I hadn't turned that last comer, choosing instead to leave and rest my aching feet? Last week I had a dinner party for fifteen friends. We used Grandmother's china. And at the end of the meal, I proudly served coffee in those beautiful cups and saucers that had been missing for so long.

Kristine Lundquist Camarillo, California

패턴과 어휘

- tumble together 함께 구르다

도자기에 대해서 물어봤지만 그들은 아무것도 모르며, 그 상자는 그 창고에 "영원히, 즉 늘" 있었다고 말했다. 나는 그날 나의 놀라운 보물을 싣고 Rose Bowl 벼룩시장에서 떠났다. 6년 후인 지금까지도, 나는 **"모든 우주의 조각들"이 함께 만나서 내가 그 잃어버린 도자기를 찾게 해 준 경이로움**으로 가득차 있다. 내가 늦잠을 잤더라면, 어떤 일이 벌어졌을까? 무엇이 내가 그 특별한 날에 RoseBowl에 가도록 "견딜 수 없게" 해준 것일까? 내가 그 마지막 모퉁이를 돌지 않고, 대신에 떠나는 것을 선택했더라면 어떠했을까? 지난주에 나는 15명의 친구들을 위한 만찬 파티를 가졌다. 우리는 할머니의 도자기를 이용했다. 그리고 식사가 끝날 즈음에, 나는 자랑스럽게 오랫동안 사라졌던 이 아름다운 컵들과 컵 받침으로 커피를 대접했다.

California에 사는 Kristine Lundquist Camarillo 씀.

구조 해설

① wonder that "all the pieces of the universe" tumbled together to let me find the missing china : that 절은 wonder 의 내용을 설명하고 있는 일종의 동격 명사절

055 You could be happier out there!
밖에서 답을 찾으세요

The Power Of Giving | Azim Jamal

Research shows that people who watch a lot of news on television overestimate the threats to their well-being. Why? Because television focuses on news that makes the world seem like a more dangerous place than it actually is. Afraid of the world that is portrayed on TV, people "cocoon," staying in their homes with close family, and do not build bonds with their neighbors. Thus they become more vulnerable.

The best way to confront your fears is to begin the process of making a difference. The root causes of "dangers" are often the result of social problems that have been ignored. But you can make a commitment to do what you can to eliminate the conditions that cause the potential ❶ **crises**. By facing your fears and working to change their root causes, you overcome them.

패턴과 어휘

- cocoon 누에고치 / 안전한 곳에서 숨어있다   - vulnerable 취약한

연구는 텔레비전에서 많은 뉴스를 보는 사람들은 그들의 행복에 대한 위협을 과대평가한다는 것을 보여준다. 왜일까? 그것은 텔레비전이, 실제 그런 것보다, 세상을 더 위험한 곳처럼 보이게 만드는 뉴스에 초점을 맞추기 때문이다. 텔레비전에서 묘사되는 세계가 두려워서, 사람들은 가까운 가족과 집에 머무르면서 "보호막을 치고", 그들의 이웃과 유대를 형성하지 않는다. 따라서 그들은 더 무력해진다.

당신의 두려움과 맞서기 위한 최선의 방식은 변화를 만들어 내는 과정을 시작하는 것이다. "위험"의 근본 원인은 종종 무시 되어진 사회적 문제들의 결과이다. 그러나 당신은 잠정적인 **위기들**을 불러일으키는 상황들을 제거하기 위하여 당신이 할 수 있는 것을 하겠다고 확약할 수 있다. 당신의 두려움과 맞서고 그 근본 원인들을 변화시키려 일함으로써, 당신은 그것들을 극복할 수 있다.

구조 해설

❶ crises : 단수형이 crisis 입니다. oasis 의 복수형은 oases.

056

For free or do I have to pay?
공짜가 좋으시죠?

Essentials of Economics | N. Gregory Mankiw

Some goods can switch between being public goods and being private goods depending on the circumstances. For example, a fireworks display is a public good if performed in a town with many residents. Yet if performed at a private amusement park, such as Walt Disney World, a fireworks display is more like a private good because visitors to the park pay for admission.

Another example is a lighthouse. Economists **have long used** lighthouses as an example of a public good. Lighthouses mark specific locations so that passing ships can avoid treacherous waters. The benefit that the lighthouse provides to the ship captain is neither excludable nor rival in consumption, so each captain has an incentive to free ride by using the lighthouses to navigate without paying for the service. Because of this free-rider problem, private markets usually fail to provide the lighthouses that ship captains need. As a result, most lighthouses today are operated by the government.

패턴과 어휘

- excludable 독점적인
- treacherous 불성실한, 위험한

어떤 재화들은, 환경에 따라서, 공공재와 사유재 사이에서 전환될 수 있다. 예를 들자면 불꽃놀이는, 만일 많은 거주자들이 있는 도시에서 벌어진다면, 공공재이다. 그러나 만일, 디즈니랜드와 같은 개인 소유 놀이공원에서 일어난다면, 불꽃놀이는 놀이공원 방문객만 입장료를 지불한 것이기 때문에, 사유재에 더 가깝다.

또 다른 예는 등대이다. 경제학자들은 **오랫동안** 등대를 공공재의 한 본보기로 **사용해왔다**. 등대들은, 지나가는 배들이 위험한 바다를 피할 수 있도록, 특정한 지역들을 표시해준다. 등대가 배 선장에게 제공하는 혜택은 그 이용에 있어서 독점적일 수도 경쟁적일 수도 없다. 따라서 각각의 선장은, 그 서비스에 대해 돈을 지불하지 않고 항해하기 위하여 그 등대를 사용함으로써, 무임승차의 동기를 가진다. 이러한 무임승차 문제 때문에, 사유재 시장들은 보통은 선장들이 필요로 하는 등대를 제공하지 못한다. 그 결과, 대부분의 등대들은 오늘날 정부에 의해 운영된다.

구조 해설

❶ have long used : have long pp 구조에서 온 말. → '오랫동안 ~해 왔다'

057

Drinking enough water can make you healthier
물이라도 많이 마셔야 해요

The Water Secret | Howard Murad

In 2009, reports emerged about a rise in kids getting kidney stones, which may seem unusual, but not when you consider the huge amounts of processed foods that our kids are eating these days. Eating too much salt, coupled with not eating enough water-rich foods or drinking enough water to help counter that salt, can result in excess calcium in the urine, which sets up conditions for kidney stones to develop. Johns Hopkins Children Center in Baltimore, a referral center for children with stones, used to treat one or two youngsters annually fifteen or so years ago. Now it tracks new cases every week. Virtually all hospitals across the country have noticed an increase, puzzling some doctors but confirming to others ❶ **the repercussions of a high-salt diet—even in children**. Unfortunately, convenience foods marketed to kids and their busy parents are often high on the salt meter and low on the water meter. Some examples: chicken nuggets, finger foods such as little sausages and pickles, hot dogs, ramen noodles, canned spaghetti, packaged deli meats, and candy bars.

패턴과 어휘

- kidney stone 신장결석
- referral center 진료의뢰시설, 구직의뢰시설
- repercussion 반향
- urine 소변

2009년에, 어린이 신장 결석의 증가에 관한 기사가 나왔는데, 그것은 이상해 보일지도 모른다. 하지만 당신이 우리의 어린이들이 요즘 먹고 있는 가공된 음식들의 엄청난 양을 생각해보면 그렇지가 않다. 수분이 많은 음식을 충분히 먹지 않거나, 소금을 상쇄시키는 데 도와줄 충분한 물을 마시지 않는 것과 더불어, 많은 소금을 먹는 것은 소변 속에 과도한 칼슘을 초래한다. 그런데 그것은 신장 결석이 생길 수 있는 조건을 만든다. Baltimore에 있는 Johns Hopkins Children Center는, 결석이 있는 어린이들을 위한 진료의뢰 센터인데, 15년 정도 전에는 매해 한 명이나 두 명씩 어린이들을 치료하곤 했다. 이제 그것은 매주 새로운 사례를 추적하고 있다. 사실상 이 나라 전역의 모든 병원들이 그 증가를 알아채고 있으며, 이것은 일부 의사들을 당황하게 하고 있지만 다른 이들에게는, **어린이들에게 있어서도 고염분 식단의 반향**을 확신시키고 있다. 불행히도, 아이들과 그들의 바쁜 부모들을 겨냥한 편의점 음식은 보통 소금 수치가 높고 수분량은 낮다. 그러한 예들은, 치킨너겟, 피클 섞은 작은 소시지와 같은 한 손 음식들, 핫도그, 라면류, 통조림 스파게티, 포장된 델리 고기 그리고 막대 사탕 등이다.

· 델리 (delicatessen) : 포장음식을 지칭하는 말로 가공식품을 의미하다가 지금은 맛있는 별미 가공식품 정도의 의미로 고착되었다. 미국에서 1880년대에 조어되었고 1950년대부터 독일에서 맛난 별미로 사용하기 시작해서 오늘에 이른 말이다.

구조 해설

❶ the repercussions of a high-salt diet-even in children : 앞에 있는 동사 confirm 의 목적어

058

Do I have to prove myself?
진짜 전문가를 알아볼 필요성

The 48 laws of power | Robert Greene

Filippo Brunelleschi, the great Renaissance artist and architect, was a great practitioner of the art of making others come to him as a sign of his power. On one occasion he had been engaged to repair the dome of the Santa Maria del Flore cathedral in Florence. The commission was important and prestigious. But when the city officials hired a second man, Lorenzo Ghiberti, to work with Brunelleschi, the great artist brooded in secret. He knew that Ghiberti had gotten the job through ❶ **his connections**, and that he would do none of the work and get half the credit. At a critical moment of the construction, then, Brunelleschi suddenly developed a mysterious illness. He had to stop work, but pointed out to city officials ❷ **that they had hired Ghiberti, who should have been able to continue the work on his own**. Soon it became clear that Ghiberti was useless and the officials came begging to Brunelleschi. He ignored them, insisting that Ghiberti should finish the project, until finally they realized the problem: They fired Ghiberti.

By some miracle, Brunelleschi recovered within days. He did not have to throw a tantrum or make a fool of himself; he

---

패턴과 어휘

- brood
  병아리들 / 알을 품다, 곰곰이 생각하다
- commission
  위탁받은 일
- practitioner
  변호사나 의사로서 전문적 지식을 실천에 옮기는 사람, 실천가
- throw a tantrum
  성질을 부리다, 떼를 쓰다

위대한 르네상스 화가이자 건축가인 Filippo Brunelleschi는 힘의 징표로서 다른 사람들이 그에게 오게 만드는 기술의 위대한 실천가였다. 어떤 사례에서 그는 플로렌스(피렌체)에 있는 Santa Marias del Flore 성당의 지붕을 수선하는 일을 맡게 되었다. 그 의뢰는 중요하고 유명한 일이었다. 그러나 도시 관리들이 Brunelleschi와, 함께 일하도록, Lorenzo Ghiberti라는 2인자를 고용했을 때, 그 위대한 예술가는 비밀리에 곱씹어 보았다. 그는 Ghiberti가 그의 인맥으로 그 일을 하게 되었다는 것을 알았으며, 일은 하나도 하지 않고 그 공로의 반을 가질 것이라는 것을 알았다. 그 건축의 중요한 순간에, Brunelleschi는 갑자기 알 수 없는 병에 걸렸다. 그는 일을 그만 둬야 했지만, 도시 공무원들에게 그들이 Ghiberti를 고용했다는 것을 지적했는데, Ghiberti 자신의 힘으로 일을 계속할 수 있어야 했다. 곧 Ghiberti가 쓸모없다는 것이 명백해졌고 관리들은 Brunelleschi에게 와서 애걸했다. 그는 그들을 무시하고, 마침내 그들이 무엇이 문제인지 인정할 때까지, Ghiberti가 그 프로젝트를 끝내야 한다고 주장했다. 결국, 그들은 Ghiberti를 해고했다.

어떤 기적으로, Brunelleschi는 며칠 만에 회복되었다. 그는 성질을 내거나 자신을 웃음거리로 만들 필요가 없었다. 그는 단순히 "다른 이들이 당신에게 오

구조 해설

❶ his connections : 여기서 his 는 Ghiberti 의 소유격

❷ that they had hired Ghiberti, who should have been able to continue the work on his own : 여기서 should have been able to 는 비난적 의미

058

Do I have to prove myself?
진짜 전문가를 알아볼 필요성

The 48 laws of power | Robert Greene

simply practiced the art of "making others come to you." If on one occasion you make it a point of dignity ❶ **that others must come to you** and you succeed, they will continue to do so even after you stop trying.

게 하는" 기술을 실행했을 뿐이었다. 만일 당신이 때로 **다른 이들이 당신에게 와야만 하는 것을** 위엄의 징표로 삼아 성공한다면, 그들은 당신이 이런 시도를 멈춘 후에도 계속해서 그렇게 할 것이다.

구조 해설

❶ that others must come to you : 앞에 있는 대명사 it 이 형식목적어이고 that 절이 내용을 담고 있는 진정한 목적어절

059

I am so happy and lucky to have a chance to give
제발 받아주세요!

Making friends with death | Judith L. Lief

When we give and receive, giver and receiver are on equal ground. One is not higher or lower than the other. Generosity is an exchange, not a one-way street. Generosity connects us with each other, whether we are the giver or the receiver, and enriches us both. However, it is possible to give and receive without really being generous at all. We may appear to care about people, but our real interest is in benefiting ourselves. We use generosity as a means of controlling people or bringing them under our sphere of influence, like bribery. It is like the generosity of parents who ❶ **shower their children with gifts**, trying to buy their love and affection, or the generosity of a suitor who figures that with the right gift, the payoff is to be invited to spend the night. Rather than being an exchange, we are using our pretense of generosity to increase our own richness by depleting ❷ **the other person's**.

패턴과 어휘

- bribery   뇌물 제공
- pretense   구실, 핑계, 겉치레, 허영
- suitor   사랑을 구하는 남성

우리가 주고받을 때, 주는 사람과 받는 사람은 동등한 입장에 있다. 한 사람이 다른 이보다 더 높거나 더 낮지 않다. 관대함은 맞교환이며, 일방통행로가 아니다. 관대함은, 우리가 주는 사람이든지 받는 사람이든지 간에, 우리를 서로서로 연결시키고, 둘 다를 풍요롭게 한다. 그러나, 정말로 전혀 관대함 없이 주고받는 것은 가능하다. 우리가 사람들을 걱정하는 것처럼 보이지만, 진짜 관심은 자신에게 이익이 되게 하는 것에 있다. 우리는 관대함을 사람들을 통제하거나 그들을 우리의 영향력의 범주 아래 두는 수단으로, **뇌물**처럼, 사용한다. 그것은, 아이들의 사랑과 애정을 사려고 노력하면서, **아이들에게 선물을 쏟아 붓는** 부모의 관대함, 혹은 적절한 선물과 함께, 그 대가로 밤을 보내도록 초청받을 것이라고 판단하는 **구혼자**의 관대함과 같다. 교환이 되기보다는, **다른 사람들의 것**을 고갈시킴으로써 우리의 풍요를 증가시키기 위하여, 우리는 관대함이라는 **가식**을 사용하고 있다.

구조 해설

❶ shower their children with gifts : shower A with B → 'A 에게 B 를 흠뻑 제공하다'

❷ the other person's : person's 뒤에서 richness 가 생략되어 있음.

060

Write a letter like this
설득적이고 균형잡힌 상업용 서신

300+ successful business letters for all occasions | A.J.Bond

We **are keen to expand** exports of our comfortable recliner chairs to the Netherlands and are looking for an agent who can represent us in that country. You were highly recommended to us by Ms. Elske Doets of the Netherlands-USA Chamber of Commerce and Industry in New York. She told us that you might be interested to act as the sole Dutch sales agent for our luxury recliner chairs featuring a hardwood frame and steel springs.

Our company already has **sole agents** in Germany, Denmark, and Sweden, who represent us for a ten percent commission on net list prices, plus advertising support. **These sole agents were offered an initial 18-month trial period** and are only required to hold a representative selection of sample chairs.

We enclose a copy of our latest sales catalog and price list and a **draft contract** for your inspection. If you are interested in accepting our company's agency, our sales manager, Richard Wallace, would be pleased to visit you in Amsterdam in late April and discuss the terms of such an agency. If you have any further questions, please contact me by fax or telephone. I look forward to hearing from you. Sincerely.

패턴과 어휘

- are keen to VR   ~을 몹시 하고 싶어하다
- draft contract   계약서 초본
- sole agent   독점 대리인

우리는 편안한 리클라이너 의자(뒤로 젖혀지는 의자)의 수출을 네덜란드로 **확대하기를 열망하면서** 그 나라에서 우리를 대변해 줄 대리인을 찾는 중입니다. 당신은 뉴욕에 있는 네덜란드 지부 미국 상공회의소의 Ms. Elske Doets에 의해 우리에게 강력히 추천되었습니다. 그녀는 당신이, 우리의 튼튼한 나무틀과 강철 스프링으로 만들어진 고가의 안락의자를 위한, 네덜란드 독점 판매 대리인으로 활동하는데 관심이 있을 것이라고 말했습니다.

우리 회사는 이미 독일, 덴마크 그리고 스웨덴에서 **독점 대리인**들을 데리고 있는데, 그들은 광고지원(을 받는 것)과 더불어, 순수 정가의 10%의 커미션을 조건으로 우리를 대변해서 일합니다. **이 독점 대리인들에게는 초기 18개월의 실험 기간이 제공되고** 단지 샘플 의자들에 대한 대표적인 선택권(가장 잘 팔리는 물건들을 선택할 권리)을 가지도록 요청될 뿐입니다.

우리는 우리의 최신 판매 카탈로그, 가격 리스트, 그리고 당신의 검토를 위한 **계약서 초본**을 동봉합니다. 만일 당신이 우리 회사의 대리인직을 수락한다면, 우리 판매 부장인 Richard Wallace씨가 4월 말에 암스테르담에서 당신을 기꺼이 방문할 것이며 그러한 대리인직의 조건들을 논의할 것입니다. 만일 더 많은 질문이 있다면, 팩스나 전화로 저에게 연락을 주세요. 저는 당신으로부터 소식을 듣기를 고대합니다. 진심을 담아.

구조 해설

❶ These sole agents were offered an initial 18-month trial period : offer 가 간접목적어와 직접목적어를 나란히 받은 구조에서 간접목적어를 주어로 하는 수동태

061

What a wonderful skill!
지구에서 달까지 거리를 안다구요?

A short history of nearly everything | Bill Bryson

Suppose, by way of example, that you and I decided we wished to know how far it is to the Moon. Using triangulation, ❶ **the first thing we must do is put** some distance between us, so let's say for argument that you stay in Paris and I go to Moscow and we both look at the Moon at the same time. Now if you imagine a line connecting the three principals of this exercise - that is, you and I and the Moon-it forms a triangle. Measure the length of the baseline between you and me and the angles of our two corners and the rest can be simply calculated. Because the interior angles of a triangle always add up to 180 degrees, if you know the sum of two of the angles you can instantly calculate the third; and ❷ **knowing the precise shape of a triangle and the length of one side** tells you the lengths of the other sides.

패턴과 어휘

- add up to   모두 다 더해서 to 이하가 되다
- principal   주된 사람이나 물건, 지점, 사건
- triangulation   삼각측량법

예시적으로, 당신과 내가 달까지의 거리가 얼마나 되는지를 알고 싶다고 결정했다고 가정을 해보자. **삼각 측량**을 이용해서, **우리가 해야만 하는 첫 번째 일은** 우리들 사이에 거리를 **두는 것이다**. 따라서 이 일에 대한 논의를 위해 당신은 파리에 있고 나는 모스크바에 가서 우리 둘은 같은 시간에 달을 본다고 가정하자. 이제 당신이 이 행위의 **주요 지점들 세 곳**을 연결시키는 선을 상상해 본다. 즉, 당신과 나와 달은 삼각형을 형성한다. 나와 당신 사이에 있는 땅 위를 기준으로 한 거리와 우리의 두 모서리의 각도를 측정해라. 그러면 나머지는 간단하게 계산될 수 있다. 왜냐하면 삼각형의 내각은 언제나 **합해서 180도가 되기** 때문에, 만일 당신이 두 각의 합을 안다면 당신은 즉시 그 세 번째 각을 알 수 있으며, **그 삼각형의 정확한 모양과 한 변의 길이를 아는 것**은 당신에게 다른 변들의 길이를 알려줄 것이다.

구조 해설

1. the first thing we must do is put : do 동사에 의해 수식된 명사가 '~하는 것이다' 라는 의미로, be to VR 구조에 걸리면 to 를 생략하고 원형동사를 바로 사용할 수 있음

2. knowing the precise shape of a triangle and the length of one side : 동명사 주어

062 For the more conducive work

작업환경의 개선은 실적과 연관되어 있어요

Modern Human Relations at Work | R.M.Hodgetts

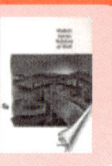

In an effort to motivate their employees and create a more conducive work environment, a growing number of organizations are introducing new workplace designs. Procter & Gamble's (P&G) 13 million-square-foot building just north of Cincinnati is a good example. The building's design facilitates teamwork by project groups. For example, team members are able to work in open cubicles that are grouped together, so everyone can see everyone else. In addition, file cases are mounted on wheels so they can be easily moved, and office walls can be reconfigured to increase or decrease the enclosed space. Likewise, instead of elevators, escalators move people from floor to floor, because this form of transit encourages the easy flow of communication among individuals, in contrast to elevators, which tend to discourage communication during transit. The building also has "huddle rooms" ❶ **strategically placed** where teams can come together to brainstorm: and electronic whiteboards in the lunchrooms and lounges can be used to convert scribbles and notes into e-mail messages.

직원에게 동기부여를 하고 더 도움이 되는 작업 환경을 만들기 위한 노력으로, 새로운 직장 디자인들을 만들고 있는 기관들이 점점 많아지고 있다. Cincinnati의 북쪽에 있는 Procter & Gamble(P&G)의 천3백만 평방 피트 건물이 그 좋은 예이다. 그 건물의 디자인은 프로젝트 그룹들간의 협력을 용이하게 한다. 예를 들면, 팀 구성원들은 함께 모여 있는 열린 칸막이 방에서 일할 수 있으며, 그 결과 모두가 서로를 볼 수 있다. 게다가, 서류 상자들이 쉽게 이동 가능하도록, 바퀴 위에 탑재되어 있다. 그리고 사무실 벽들은 그 벽에 의해 막혀지는 공간을 늘이거나 줄이도록 재구성이 가능하다. 비슷한 방식으로, 엘리베이터 대신에 에스컬레이터가 사람들을 층에서 층으로 움직이게 하는데, 이러한 형태의 이동은 개인들 간의 쉬운 의사소통의 흐름을 촉진하기 때문이다. 엘리베이터와는 대조적인데, 그것은 통과하는 (이동하는 도중 엇갈려 만나는) 동안의 커뮤니케이션을 단절시키는 경향이 있다. 이 건물은 또한 팀들이 함께 **브레인스토밍(가능한 모든 의견을 개진하는 회의방식)**을 할 수 있는 **전략적으로 놓여진 "좁은 방"**들이 있으며, 구내식당이나 라운지들에 있는 전자식 백색보드는 손으로 휘갈겨 쓴 것이나 메모들을 이메일 메시지로 전환하는데 사용된다.

패턴과 어휘

- brainstorm 모든 의견을 여과 없이 논의하다, 자유로운 논의
- conducive work 도움이 되는 일, be conducive (helpful) to + 명사 (~에 도움되다)
- convert 뒤에서 명사를 받아 '개조시키다' convert A into(to) B 구조로 자주 사용됨
- cubicle 육면체
- facilitate 뒤에서 명사를 받아서 '용이하게 만들다, 편하고 쉽게 만들다'
- huddle room 회의실 등의 좁은 방
- reconfigure 형태를 다시 만들다
- scribble 휘갈겨 쓰다, 휘갈겨 쓴 글, 낙서, 악필
- transit 통과, 횡단, 자오선 통과 / 통과하다

구조 해설

❶ strategically placed : where 이하의 관계사절과 함께 분사구가 명사를 뒤에서 꾸밀 때, 분사구를 먼저 위치시킨다.

063 Needs for proper reasoning
바람직한 추론을 하기 위한 전제조건들

Rules for reasoning | Richard E. Nisbett

It can be argued that **inductive reasoning** is our most important and **ubiquitous** problem-solving activity. Concept formation, generalization from instances, and prediction are all examples of inductive reasoning, that is, of passing from particular **propositions** to more general ones or of passing from particular propositions to other particular propositions via more general ones.

Inductive reasoning, ❶ **to be correct**, must satisfy certain statistical principles. Concepts should be **discerned** and applied with more confidence when they apply to a narrow range of clearly defined objects than when they apply to a broad range of diverse and loosely defined objects that can **be confused with** objects ❷ **to which the concept does not apply**. Generalizations should be more confident when they are based on a larger number of instances, when the instances are an **unbiased sample**, and when the instances in question concern events of low **variability** rather than high variability. Predictions should be more confident when there is high correlation ❸ **between the dimensions for which information is available and the dimensions about which the prediction is made**, and, ❹ **failing such a correlation**, predictions should rely on the base rate or prior distribution for the events to be predicted.

귀납적 추론이 우리의 가장 중요하면서도 상존하는 문제를 해결하는 행위라고 주장될 수 있다. 개념 형성, 사례들로부터의 일반화, 그리고 예측은 모두, 특정한 명제에서 더 일반적인 것으로 옮겨가는 혹은 더 일반적인 것들을 통하여 특정한 명제에서 다른 특정한 명제로 옮겨가는, 귀납적 추론의 예이다.

정확히는, 귀납적 추론은 특정한 통계적인 원리를 만족시켜야 한다. 개념들은, 그 개념이 적용되지 않는 대상들과 혼동될 수 있는 넓은 범주의 다양한 그리고 느슨하게 규정된 대상들에 적용될 때 보다는, 그것들이 명백하게 규정된 좁은 범주의 대상들에 적용될 때, 더 많은 확신을 가지고 구별되고 적용 될 것이다. 일반화들은, 그것들이 다수의 사례에 근거할 때, 그 경우가 편향되지 않은 표본일 때, 그리고 질문되는 사례들이 높은 변동성보다는 차라리 낮은 변동성을 가진 사건과 관계있을 때, 더 확실할 것이다. 예측은, 정보가 이용될 수 있는 차원과 예측이 만들어지는 차원과의 높은 연계성이 있을 때, 더욱 확실해지며, 그런 상관성을 잃게 되면, 예측은 사건이 예측되어질 기본적 통계비율이나 우선적 분포도에 의존하게 될 것이다.

패턴과 어휘

- be confused with   ~과 혼동되다
- discern   구별하다
- inductive reasoning   귀납적 추론
- proposition   명제
- ubiquitous   도처에 있는, 어디에나 있는
- unbiased sample   편향되지 않은 표본
- variability   변동성

구조 해설

1. to be correct : 콤마에 의해 독립적으로 사용되는 수식어
2. to which the concept does not apply : apply to 에서 전치사를 관계사 앞으로 옮김
3. between the dimensions for which information is available and the dimensions about which the prediction is made : between A and B 구조에서 각각 the dimensions 가 사용되었고, 그 뒤에 두 개의 관계사절이 붙어서 각각의 명사를 수식하고 있다.
4. failing such a correlation : 분사구문으로 뒤의 주어 predictions 와 공통주어

064

B or 13?
B도 몰라요, 13도 몰라요

Brain Matters | Pat Wolfe

Perception refers to the meaning ❶ **we attach to information** as it is received through the senses. Our eyes may capture an image in ❷ **much the same way** as a camera does, but what we see (or perceive) is influenced by the information we have stored in our brains. For example, look at the following 13. If you were asked what number this is, you would probably say "13." Yet if you were asked to name the letter, you might answer "B." The figure didn't change; your perception changed based on what you were asked and your existing knowledge of numbers and letters. To a young child with no stored information of either numbers or letters, these would be meaningless marks on paper. The assignment of meaning to incoming stimuli, therefore, depends on prior knowledge and on what we expect to see. In a sense, the brain checks existing neural networks of information to see if the new information is something that activates a previously stored neural network. (We'll look at the physiology of how neural networks are formed in a later chapter.) ❸ **This matching of new input to stored information** is called pattern recognition and is a critical aspect of attention. Pattern recognition works ❹ **so well that** you are able to recognize a letter whether it is printed B, b or 13. However, if you had never seen a B before and did not know what it represented, it would be meaningless no matter what it looked like because there would be no recognition or match.

인식이란, 감각들을 통하여 정보가 받아들여질 때, **우리가 그 정보에다가 부여하는** 의미를 일컫는다. 우리의 눈은 카메라가 히는 것과 **상당히 유사한 방식으로** 한 이미지를 포착하지만, 우리가 보는 것(혹은 인식하는 것)은 우리가 뇌에 저장했던 정보에 의해 영향을 받는다. 예를 들면, 다음에 오는 13을 봐라. 만일 이것이 어떤 숫자냐고 묻는다면, 당신은 아마도 "13"이라고 대답할 것이다. 그러나 만일 당신이 문자의 이름을 대라고 요청 받는다면, 당신은 "B"라고 대답할지도 모른다. 그 모양은 변하지 않았다. 무엇이 당신에게 문의되었는가와 숫자나 문자에 대한 당신의 사전 지식에 근거해 당신의 인식이 바뀌었다. 숫자와 문자에 대한 저장된 정보가 없는 어린 아이에게, 이것들은 종이 위에 있는 의미 없는 표시들이다. 따라서, 들어오는 **자극**에 대한 의미의 할당은 사전 지식과 함께 우리가 무엇을 보기를 기대하는지에 달려있다. 어떤 의미에서, 뇌는, **새로운 정보가 이전에 저장된 신경회로망을 활성화시키는 무엇인지를 알아보기 위해, 기존의 정보 신경망을 확인하는 것이다.** (우리는 뒤에 나오는 장에서 어떻게 신경회로망이 형성되는지 볼 것이다.) **이러한 저장된 정보에 대한 새로운 입력의 서로 들어맞음**은 패턴 인식이라고 불리며 관심의 핵심적인 측면이다. 패턴 인식은 **너무 잘 작동되어서** 당신은 그것이 B, b, 13으로 어떻게 인쇄되던지 간에 문자를 인식할 수 있다. 그러나, 만일 이전에 당신이 B를 결코 본적이 없고 그것이 상징하는 바를 알지 못했다면, 인식도 정보매치도 없을 것이기 때문에 그것이 어떻게 보이건 간에, 의미가 없을 것이다.

패턴과 어휘

- perception　　인식
- stimuli　　stimulus 의 복수형으로 '자극제, 흥분제'
- refers to　　~에 대해 언급하다

구조 해설

❶ we attach to information : attach A to B 구조에서 관계사절로 A 가 사라짐
❷ much the same way : the same 을 강조할 때 much 혹은 all 을 앞에 붙임
❸ This matching of new input to stored information : 전치사 to 는 input 과 연동
❹ so well that : so + 형, 부 + that 절 구조

065

Even from beggars, you could learn something
지피지기면 백전백승

Know what you don't know | Michael A. Roberto

Sternberg recounts a lesson that he learned from Wal-Mart founder Sam Walton about how to derive value from every observation. The legendary merchant loved to scout his competition, and he required his employees to do the same. Walton, though, "would force you to focus on what they did better than you did." He would not allow people to dismiss their observations and rationalize away possible problems that might exist back at Wal-Mart. Walton could find the smallest thing that a rival did better than his firm, even at the most poorly run companies. ❶ **Put simply**, you can spot problems through observation only if you begin by acknowledging that problems always exist, even at the ❷ **best-run companies**. One can always improve. Without that mindset, all the effort of firsthand observation may be futile.

패턴과 어휘

- derive + 명사   '~을 이끌어내다'
- dismiss + 명사
  '~을 머릿속에서 지워 없애다'
- firsthand observation   일차적 관찰
- futile   무익한, 쓸데없는
- mindset   정신상태, 마음가짐
- recount + 명사
  '~에 대해 자세히 말하다'
- scout + 명사   '~을 자세히 조사하다'

Sternberg는 월마트 창시자인 Sam Walton으로부터 모든 관찰에서 가치를 이끌어내는 법에 대해 배웠던 교훈을 자세히 말해준다. 그 전설적인 상인은 그의 경쟁자들을 관찰하기를 좋아했으며, 그는 그의 직원들도 자신과 똑같이 하기를 요구했다. 그러나, Walton은 "당신이 했던 것보다 그들이 더 잘 했던 것에 당신이 집중할 것을 강요하곤 했다." 사람들이 그들의 관찰을 소홀히 하고 월마트에 다시 생길 가능성 있는 문제들을 합리화해버리는 것을 그는 허락하지 않곤 했다. Walton은 라이벌이 그의 회사보다 더 잘하는 가장 작은 것도 찾아낼 수 있었는데, 가장 형편없이 운영되는 회사에서도 찾아냈다. **간단히 말하자면, 가장 잘 경영되는 회사**에서조차도 문제들이 늘 존재한다는 사실을 당신이 인정하면서 시작한다면, 관찰을 통해 당신은 문제들을 찾아낼 수 있다. 사람은 늘 발전할 수 있다(발전의 소지가 있다는 의미로서 고칠게 남아 있다는 의미). 그런 사고방식이 없다면, 직접적 관찰의 모든 노력은 쓸모없는 것이 될 수도 있다.

구조 해설

1. Put simply : 수동분사구문, 앞에서 being 이 생략된 것으로 보며, put 의 의미는 '글이나 말로 옮기다'

2. best-run companies : 부사 - 과거분사 구조의 수식어 '~하게 ~된' 이라고 해석한다.

066 Your memory stands upon your moods
기분이 기억을 좌우할 수 있다

Experiments with people | Robert P. Abelson

The existence of such impossible memories proves a surprising but important point: ❶ **not only are memories capable of being retrieved, they are also capable of being reconstructed**. In today's hi-tech culture, people could be forgiven for thinking that human memories, ❷ **once properly stored**, can be retrieved from the mind as faithfully as computer files are downloaded from a disk. However, the analogy is mistaken. The memories people retrieve are often biased by the state of mind they are in. A better analogy for how human memory operates (staying within the hi-tech world) might be an eccentric word processor that keeps reinterpreting the contents of documents as it opens them.

Several factors can lead memories to be unreliably reconstructed. Consider, for example, mood. People remember information better when it matches their current mood, or when they learned it in a mood ❸ **similar to their current one** (Clore, Schwartz, & Conway, 1994). In other words, people's minds select some memories, but ignore others, based on their current emotional state. This tendency is especially apparent in people suffering from depression. So-called diurnal depressives—people who feel progressively gloomier as the day wears on—recall fewer happy memories, and more unhappy ones, at sunset than at sunrise. (Clark & Teasdale, 1982)

이러한 불가능한 기억들의 존재는 놀랍지만 중요한 점을 입증하고 있다(혹은 중요한 점으로 입증된다). **기억들이란 복구될 수도 있지만, 재건될 수도 있다는 것이다.** 오늘날의 첨단기술 문화에서, 사람들은, **일단 적절하게 저장되었던** 인간의 기억들은 컴퓨터 파일들이 디스크에서 다운로드 되는 것처럼 충실하게 머리에서 복구될 수 있다고 생각하는 것에 대해, 용서받을 수 있을 것이다 (그렇게 생각해도 이해가 된다). 그러나, 유추는 잘못되었다. 사람들이 생각해내는 기억들은 보통 그 기억들이 들어있는 마음의 상태에 따라 편향된다. 인간의 기억이 어떻게 작동되는가에 대한 더 나은 비유는 (첨단기술 세계에서 살기 때문에) 워드 프로세서가 서류들을 열 때 계속해서 그 내용을 재해석하는 특이한 워드프로세서일지도 모른다.

여러 가지 요소들이 기억들을 믿을 수 없을 정도로 재구성하도록 초래할 수 있다. 예를 들면, 기분을 생각해 보라. 사람들은 정보가 그들의 현재의 기분과 어울릴 때, 혹은 그들이 **현재의 분위기와 유사한** 분위기에서 정보를 습득했을 때, 정보를 더 잘 기억한다. 즉, 현재의 감정상태에 근거하여, 사람들의 마음은 어떤 기억들은 선호하고, 다른 것들을 무시한다. 이 경향은 특히 우울증으로부터 고통 받는 사람들에게서 분명하다. 소위, 하루가 지나감에 따라 점점 더 우울하게 느끼는, 주행성(낮에 활동하는 부류)인 우울증 환자들은, 일출 때보다, 일몰 때 더 적은 행복한 기억들과 더 많은 불행한 기억들을 회상한다.

패턴과 어휘

- analogy   유사, 유추, 비슷한 것을 찾아내는 행위   - retrieve + 명사   '~을 회수하다'
- diurnal   낮에 활동하는

구조 해설

① not only are memories capable of being retrieved, they are also capable of being reconstructed : not only A but also B 구조에서 A 가 절의 구조이므로 의문문 순서로 도치되었고, but also 에서는 접속사 but 대신 콤마가 사용되었다.

② once properly stored : 접속사 once 뒤에서 주어와 be 동사가 생략되었다.

③ similar to their current one : 형용사구 후치수식, 즉 형용사와 그 뒤의 다른 요소가 함께 앞의 명사를 꾸미는 구조이다. 형용사 앞에 관계사주격과 be 동사를 넣어도 됨.

067

Mommy and daddy can join us
엄마도 인터넷에서 잘 놀 수 있어!

Born Digital | John Palfrey

Many parents require their children to show them their profile on Facebook, MySpace, studiVZ, or whatever the popular social network of the day is. This practice can also lead to good conversations about the Web. Parents will hear about the subtle social cues their children pick up as they make their way through the space. Parents are likely to be surprised, and possibly reassured, at what they learn from their Digital Natives. ❶ **No matter what**, they will be better able to provide guidance as the conversation continues. Digital Natives may be annoyed at first, but they ❷ **may well come to appreciate** their parents' interest and concern. As one boy put it, "Well. I ❸ **kind of feel like** [my mom is] invading my privacy, but I know that ❹ **she's really not** because she just wants me to be safe." Though kids may resist this parental interest in their online activities at first, many will end up getting into the spirit of the conversation, and some will tell their parents a great deal about the online environment.

패턴과 어휘

- social cue   사회적 단서
- subtle   섬세한, 미묘한

많은 부모들이 자녀들에게 Facebook, MySpace, studiVZ 혹은 그 당시의 가장 유명한 사회적인 네트워크가 무엇이든 간에 그것들의 내용을 보여주기를 요구한다. 이런 관행은 또한 웹에 대한 좋은 대화로 귀결될 수 있다. 부모들은, 자녀들이 사이버 공간을 헤집고 다닐 때, 그들의 아이들이 선택하는 **미묘한 사회적 단서**들에 대하여 들을 것이다. 부모들은, 그들의 디지털 원주민들(자녀들)로부터 알게 되는 사실에 놀라는 경향이 있는데, 아마도 안심이 될 것이다. **그것들(배우는 것들)이 무엇이든지 간에,** 부모들은 대화가 지속됨에 따라 지침을 제공할 능력이 커질 것이다. 디지털 원주민들은 처음에는 아마도 짜증을 내겠지만, 부모들의 흥미와 관심**에 감사하게 될 것이다.** 한 소년은 이렇게 표현했다. "글쎄요. 나는 [나의 엄마가] 나의 사생활을 침해**하는 것처럼 느껴져요.** 하지만 나는 **엄마가 실제로는 아니라는 것을**(사생활을 침해하고 있지는 않다는 것을) 알아요. 왜냐하면 엄마는 단지 내가 안전하기를 바라는 것이니까요." 그들의 온라인 활동에 대한 부모의 관심에 처음에는 아이들이 저항할지 모르지만, 많은 아이들이 결국 대화에 빠져들게 되며, 어떤 아이들은 그들의 부모님들께 온라인 환경에 대해 많은 것을 말해주게 될 것이다.

구조 해설

1. **No matter what** : 뒤에서 they learn 이 생략되어 있다.
2. **may well come to appreciate** : may well + VR : '~할 지도 모른다, ~하는 게 당연하다'
3. **kind of feel like** : kind of 는 주로 동사나 명사, 형용사, 부사 상당어 앞에 붙어서 '그런 것 같다' 라는 의미를 가지는 일종의 삽입 수식어
4. **she's really not** : not 뒤에서 invading my privacy 가 생략되어 있다.

068

Nuclear energy could be the answer
오염 없는 에너지는 무엇?

The debatabase book | Robert Trapp

　　PROS : Currently, the majority of the world's electricity is generated using fossil fuels. Although estimates vary greatly about the world's supply of fossil fuels, some estimates suggest that oil could be exhausted within 50 years and ❶ **coal within 25 years**. Thus we must find a new source of energy. We must start to convert to nuclear energy now so there is not a major crisis when fossil fuels do run out.

　　Nuclear energy is clean. It does not produce gaseous emissions that harm the environment. Granted, it does produce radioactive waste, but because this is a solid, it can be handled easily and stored away from population centers. Burning fossil fuels causes far more environmental damage than using nuclear reactors, even if we factor in the Chernobyl catastrophe. Consequently, nuclear energy is preferable to fossil fuels. Furthermore, as new technologies, such as fast breeder reactors, become available, they will produce less nuclear waste. With more investment, science can solve the problems associated with nuclear energy, making it even more desirable.

　　Unfortunately, the nuclear industry has a bad reputation

패턴과 어휘

- convert to　　~로 전환되다　　- gaseous emission　　개스의 방출
- estimate　　추정치, 추정하다　　- radioactive waste　　방사성 폐기물
- factor in　　어떤 것을 감안하다　　- run out　　고갈되다

찬성하는 이들 : 현재, 세계 전기의 대부분은 화석연료를 사용해서 발생된다. 비록 화석연료의 세계공급량에 대한 추정치는 매우 다양하지만, 어떤 추정치는 기름이 50년 내에 그리고 **석탄은 25년 내에** 고갈될 수 있다고 시사한다. 따라서 우리는 새로운 에너지원을 찾아야 한다. 우리는 화석 연료가 정말로 고갈되었을 때 심각한 위기가 없도록, 지금 핵 에너지로 전환을 시작해야 한다.

핵 에너지는 깨끗하다. 그것은 환경에 해를 끼치는 가스를 방출하지 않는다. 방사선 폐기물을 그것이 정말로 만들어낸다는 것을 인정할지라도, 이 폐기물이 고체이기 때문에, 그것은 쉽게 다뤄질 수 있으며, 인구 중심가에서 멀리 떨어져서 저장될 수 있다. 우리가 체르노빌 재앙을 감안하더라도, 원자로를 사용하는 것보다, 화석 연료를 사용하는 것이 환경적인 손상을 훨씬 더 많이 일으킨다. 결론적으로, 핵 에너지가 화석 연료에 비해 선호할 만하다. 게다가, 빠른 증식로와 같은 새로운 기술들이 사용 가능해질 때, 그것들은 더 적은 핵폐기물을 생산할 것이다. 더 많은 투자로, 과학은, 핵 에너지를 훨씬 더 바람직하게 만들면서, 핵 에너지와 관련된 문제들을 해결할 수 있다.

불행히도, 핵 산업은, 전적으로 자격이 있지 만은 않은 안전성 때문에, 나쁜 평

구조 해설

❶ coal within 25 years : coal 다음에 could be exhausted 이 생략되어 있음

068

Nuclear energy could be the answer
오염 없는 에너지는 무엇?

The debatabase book | Robert Trapp

for safety that is not entirely deserved. The overwhelming majority of nuclear reactors have functioned safely and effectively, the two major nuclear accidents, Three Mile Island and Chernobyl, were both in old style reactors, **exacerbated** in the latter case by lax Soviet safety standards. We are advocating new reactors, built to the highest safety standards. Such reactors have an **impeccable** safety record.

Perhaps the best guarantee of safety in the nuclear industry is the increasing transparency within the industry. ❶ **Many of** the early problems were caused by excessive control due to the origin of nuclear energy from military applications. As a civilian nuclear industry develops, it becomes more accountable.

패턴과 어휘

- exacerbate 악화시키다, 격분시키다
- impeccable 나무랄 데 없는, 완벽한 비난의 여지가 없는

판을 가지고 있다. 압도적으로 많은 수의 원자로는 안전하고 효율적으로 기능해왔고, 두 개의 주요한 핵 사고인 Three Mile Island와 체르노빌은 재래식 원자로였으며, 후자의 경우는 느슨한 소비에트 안전 기준들로 인해 사태가 악화되었다. 우리는, 가장 높은 안전기준으로 제작되는, 새로운 원자로들을 지지하고 있다. 이러한 원자로들은 흠잡을 데 없는 안전 기록을 가지고 있다.

아마도 핵 산업 내에서 가장 최고의 안전 보장은 그 산업 내에서의 커지는 투명성일 것이다. 초기 문제들 중 **많은 것들**이 군사적응용에서부터 나온 핵 에너지의 기원으로 인한 과도한 통제에 의해 초래되었다. 민간 핵 산업이 발전함에 따라, 그것은 더욱 신뢰할만한 상태가 될 것이다.

구조 해설

❶ Many of : 뒤에서 항상 복수형을 받는다.

069 Keep your eyes on it
맹수들은 사냥감에서 눈을 떼지 않는다

You can choose to be happy | Tom G. Stevens

I once saw a book in which a researcher examined photographs of some of ❶ **the best hitters of all time**. He compared photos of the best hitters swinging at the ball to photos of average hitters. The great hitters such as Ted Williams, Mickey Mantle, and Henry Aaron had their eyes glued to the ball as they were swinging. The eyes of the other major league players were typically looking toward the pitcher, first base, or anyplace except the ball. What is true in baseball is true in life. If you want to do well at something, you've got to keep your eye on the ball.

A member of singer/songwriter Garth Brook's inner circle ❷ **described him as so focused** when he is writing ❸ **that an explosion could go off right next to him and he would never hear it**. By keeping his attention focused on his writing Garth Brooks could concentrate his mental powers on creating his best music. This type of concentration usually results from total immersion in the subject and a loss of time perspective. Dr. Maslow called this characteristic problem-centering, and believed it to be one of the most important characteristics of self-actualizing people. It is also a direct cause of achieving states of loss of self, happiness, and peak experience.

패턴과 어휘

- immersion   몰두, 몰입, 집중, 깊이 잠김   - self-actualizing   자기 실현적인

나는 한 연구자가 **전 시대에 걸쳐 가장 뛰어난 야구 타자들** 중 일부의 사진을 조사한 책을 한 번 보게 되었다. 그는 최고 타자들이 볼에 스윙하는 사진들과 보통 타자들의 사진을 비교했다. Ted Williams, Mickey Mantle, 그리고 Henry Aaron과 같은 최고 타자들은**,** 그들이 스윙하고 있을 때**,** 그들의 눈을 공에 집중하고 있었다. 다른 주요 리그 선수들은 전형적으로 투수나 1루나 공이 아닌 다른 곳을 보고 있었다. 야구에서 진실인 것은 삶에서도 진실하다. 만일 당신이 어떤 것을 잘하기를 원한다면, 당신은 공에서 눈을 고정하고 있어야 한다.

가수이자 작곡가인 Garth Brook의 핵심 팬들의 한 구성원은**,** 그(Garth Brook)가 곡을 쓰고 있을 때**, 너무 집중해서 폭발이 바로 그 옆에서 일어나더라도 그것을 절대 듣지 못할 것**이라고 말했다. 그의 주의를 계속 그의 작곡에 집중함으로써 Garth Brooks는 그의 정신적인 힘을 최고의 음악을 창조하는데 모을 수 있었다. 이러한 류의 집중은 보통은 그 주제에 대한 전면적인 몰입에서 혹은 시간개념의 상실에서 온다. Maslow 박사는 이러한 특징을 문제 중심화라고 불렀으며, 그것이 자기실현적인 사람들의 가장 주요한 특징들 중의 하나라고 믿었다. 그것은 또한 무아의 경지, 행복, 그리고 최고의 경험을 성취하는 직접적 원인이다.

구조 해설

① the best hitters of all time : 최상급 + of all time 구조. '전 시대를 통틀어'

② described him as so focused : describe A as B 구조에서 focused 가 B 에 해당되는 말이며, 앞에 다시 so 를 붙여서 뒤에서 that 절과 연동시켰음.

③ that an explosion could go off right next to him and he would never hear it : 앞의 so focused 에 연동되어 있음.

070 Open a new door
독창성이 예술의 생명

Modern Culture | Roger Scruton

Although artists borrow procedures, forms and repertoires, although they are contributing to a continuous and publicly validated enterprise, they can make no impact merely by copying what has already been done. The encounter with the individual is what makes art so supremely interesting: we, the audience, have set our interests aside, in order to open ourselves to what another person is, says and feels. It ❶ **need not be** new; but it must at least be his. A work is original ❷ **to the extent that** it originates in its creator. It shows us the world from his or her perspective, draws us into spheres which are not our own, and enables us to rehearse the possibilities of feeling on which an ideal community—a community of sympathy—is founded. Without originality the high culture will die, drooping into tired gestures and imitative rituals, like the worn-out ceremonies of a religion that is no longer believed.

패턴과 어휘

- droop 시들다, 고개 숙이다
- enterprise 기업, 진취적 정신
- imitative ritual 모방적인 의례
- rehearse 연습하다
- repertoire 목록
- set aside 따로 떼어두다
- sphere 권역, 영향권, 둥근 입체의 모양
- supremely 최상으로

비록 예술가들이 절차, 형식, 그리고 레퍼토리를 빌려오고, 그들이 지속적이고 대중적으로 인정된 기업에 기여한다 해도, 그들이 이미 해왔던 것을 복제하는 것 만으로는 영향을 줄 수는 없다. 개인과의 조우는 예술을 최고로 흥미롭게 만드는 것이다. 청중인 우리는, 다른 이가 어떤 사람인지, 그들이 무엇을 말하고 느끼는지에 자신을 열어두기 위해, 우리 자신의 관심은 제쳐놓는다. 그것(즉, 타인의 정체성, 말, 느낌)이 새로울 필요는 없다. 그러나 그것은 적어도 그의 것이어야 한다. 한 작품은 그것이 그 창조자에게서 비롯되었다고 할 정도까지만 독창적이다. 그것은 우리들에게 그 사람의 관점으로 세계를 보여주며, 우리를 우리의 것이 아닌 영역으로 이끌어주며, 우리가 이상적인 공동체, 즉 공감의 공동체가 건설되는 느낌의 가능성을 미리 연습하도록 해준다. 독창성이 없다면 고급문화는, 더 이상 신뢰받지 못 하는 종교의 낡은 행사들처럼, 지친 몸짓과 흉내 내는 의례나 의식으로 시들어가면서, 임종을 맞이할 것이다.

구조 해설

❶ need not be : need 는 조동사로 사용되었으며, 주로 부정문이나 의문문에서 do not need to VR 를 대용하고 있다.

❷ to the extent that : extent 뒤의 절은 동격의 명사절로, 앞의 단어인 '정도, 범주'의 구체적 내용을 보여준다.

071

Sweets sometimes taste bitter
오늘은 단 것이 싫어요

Success Is Not a Miracle | Michael Cioppa

For example, let's say you're on your lunch break, and you're walking past a park where a Beethoven symphony is playing. Will you stop and listen? It depends first of all, on the meaning ❶ **you associate to classical music**. Some people would drop anything to be able to listen to the valiant strains of the Eroica Symphony: for them, Beethoven equals pure pleasure. For others, however, listening to any kind of classical music is ❷ **about as exciting as watching paint dry**. ❸ **Enduring the music** would equal a measure of pain, and so they hurry past the park and back to work. But even some people who love classical music would not decide to stop and listen. Maybe the perceived pain of being late for work outweighs the pleasure they would get from hearing the familiar melodies. Or maybe they have a belief that stopping and enjoying music in the middle of the afternoon is wasteful of precious time, and the pain of doing something frivolous and inappropriate is greater than the pleasure ❹ **the music could bring**. Each day our lives are filled with these kinds of psychic negotiations. We are constantly weighing our own proposed actions and the impact they will have upon us.

패턴과 어휘

- frivolous   경솔한, 시시한
- outweigh + 명사
  '~보다 무게가 더 나가다'
- psychic   심적인, 영혼과 관련된
- strain   곡조, 음악의 가락
- valiant   용감한, 가치 있는, 씩씩한

예를 들어, 당신이 점심시간 휴식 중이고, 베토벤 교향곡이 연주되고 있는 공원을 지나서 걷고 있는 중이라고 가정해보자. 당신은 멈춰서 듣겠는가? 우선 그것은, **당신이 고전 음악에 연관시키는** 의의에 달려있다. 어떤 사람들은, 영웅교향곡**의 힘찬 가락에** 귀를 기울일 수 있도록, 무엇이든 중단할 것이다. 그들에게 베토벤은 순수한 즐거움과 같다. 그러나 다른 사람들에게, 어떤 종류든 고전음악을 듣는 것은 **페인트가 마르는 것을 지켜보는 것과 같은 만큼만 흥미롭다. 그 음악을 견디는 것**은 상당한 고통과 같으며, 따라서 그들은 서둘러서 공원을 지나 일터로 간다. 그러나 심지어 고전음악을 사랑하는 이들조차도 멈춰서 듣기로 결정하지 않을 수 있다. 아마도 직장에 늦게 복귀하는 것의 예상된 괴로움이 친숙한 멜로디를 듣는 것으로부터 얻는 즐거움보다 **무게로 압도할지도** 모른다. 혹은 아마도 그들은 오후의 한 가운데서 멈춰서서 음악을 즐기는 것이 귀중한 시간을 낭비하는 것이며, **시시하고** 부적절한 어떤 것을 하는 괴로움(음악을 듣는 행위에서 비롯된)이 **음악이 줄 수 있는** 즐거움보다 더 크다 라는 믿음을 가질 수도 있다. 매일 우리의 일상은 이러한 종류의 **심리적인** 협상들로 가득 차 있다. 우리는 끊임없이 우리 자신에게 제안된 행위와 그것들이 우리들에게 미칠 영향을 저울질한다.

구조 해설

① you associate to classical music : 관계사절로 관계사는 associate A to B 에서 A 에 해당됨.

② about as exciting as watching paint dry : about 은 '대략' 이라는 의미의 부사로 뒤의 as exciting 를 수식하고 있음.

③ Enduring the music : 동명사가 가정적 주어의 역할을 하고 있음.

④ the music could bring : 관계사절로 앞의 pleasure 를 꾸미고 있음.

072

The bigger, the better
규모의 경제는 금융시장에서도 통한다

Services trade and development | Aaditya Mattoo

Significant benefits likely will result from regional integration of financial services markets. A central consideration is the inclusion of significant scale economies in banking, securities markets, and payment systems. For instance, modern banks, insurance companies, pension funds, payments systems, and securities markets all use computer-based technology that is ❶ **scale dependent** for efficient operation. Even in their smallest configurations, these technologies often exceed the needs of institutions in small financial systems. As a consequence, larger financial markets tend to have an increased number of participants and consequently are more competitive. This leads to lower financial product pricing, increased access to finance, and increased levels of innovation than in smaller financial systems. An additional benefit is that, in larger markets, the regulatory infrastructure tends to be ❷ **of higher quality** and lower cost than in smaller markets (World Bank 2006a).

패턴과 어휘

- configuration 기술적 배열이나, 배치, 어떤 목적을 이루기 위한 유기적 결합
- infrastructure 하부구조, 기반산업이나 기반 시설 및 제도
- regulatory 규정하는, 조절하는
- scale economy 규모의 경제
- securities market 증권시장

중요한 혜택들이 금융 서비스 시장의 지역적 통합으로부터 나올 수도 있다. 핵심적인 고려사항은 은행업, 유가증권 시장, 그리고 지불제도에서 중요한 규모의 경제를 포괄하는 것이다. 예를 들면, 현대적인 은행들, 보험 회사들, 연기금과 지불제도, 그리고 유가 증권 시장은 모두 효율적인 운영을 위하여 규모 의존적인 컴퓨터 기반 기술을 사용한다. 심지어 이러한 기술들의 가장 작은 응용적 배열속에서도, 이런 기술들은 종종 작은 금융 시스템 속에 있는 기관들의 요구를 넘어선다. 그 결과, 더 큰 금융 시장들이 더 많은 시장 참여자들을 가지는 경향이 있고 그 결과 더 경쟁적이다. 이것은, 상대적으로 소규모 금융 시스템에서보다, 더 낮은 금융 상품 가격과, 재정조달에 대한 향상된 접근성과, 더 나은 수준의 개혁을 초래한다. 부가적 이익으로, 작은 시장에서보다, 큰 시장에서 이런 통제기반 시스템이 고품질에 저비용구조가 되는 경향이 있다.

구조 해설

1. scale dependent : 명사 - 형용사 의 구조에서 하이픈 기호가 생략된 것이며, 원래는 [형용사 + 전치사 + 명사] 구조에서 뒤의 명사와 앞의 형용사를 이어 붙여서 만든 수식어임. 예를 들어 afraid of rats 구조에서 rat -afraid 와 같이 조어함.

2. of higher quality : 형용사적으로 사용되어 앞의 be 동사의 보어 역할

073

The magical metal called plutonium
악마의 손에 들어가지만 않는다면…

Writing, Reading, and Research | Richard Veit

Nearly twice as heavy as gold, plutonium is silvery, radioactive, and toxic. The pure metal ❶ **first delivered to Los Alamos** showed wildly differing densities, and the molten state was ❷ **so reactive that** it corroded nearly every container ❸ **it encountered**. Happier as a liquid than as a solid, plutonium has seven distinct crystallographic phases and the highly democratic ability to combine with nearly every other element on the periodic table. It can change its density by 25percent in response to minor changes in its environment. It can be as brittle as glass or as malleable as aluminum. Chips of plutonium can spontaneously ignite at temperatures of 150 to 200 degrees Celsius. When crushed by an explosive charge, plutonium's density increases, which decreases the distance between its nuclei, eventually causing the metal to release large amounts of energy - enough to vaporize a city.

패턴과 어휘

- brittle   가루처럼 부서지는
- corrode   부식시키다
- crystallographic
  물질의 결정과 관련된
- ignite   불이 붙다, 점화시키다
- malleable   펴서 늘릴 수 있는
- nuclei   핵의 복수형 (단수형은 nucleus)
- radioactive 방사선의, 방사능을 내뿜는
- silvery   은색의, 은으로 된
- toxic   독성의
- vaporize   기화되다, 기화시키다

거의 금의 두 배만큼 무거운 플루토늄은 은색이며, 방사선이 있고 독성이 있다. Los Alamos로 최초에 배달되었던 그 순수한 금속은 처음에는 급격하게 다른 밀도를 보여주었고, 녹은 상태는 매우 반응성이 강해서 맞닿는 거의 모든 용기를 녹였다. 고체로서보다 액체로서 더 행복한(더 활발한) 플루토늄은 7개의 뚜렷한 결정학적인 단계들을 가지며, 주기율표에 있는 거의 모든 다른 원소들과 함께 결합되는, 매우 민주적인(잘 혼합되는) 능력을 가지고 있다. 플루토늄은, 그것이 속한 환경에서 사소한 변화에도 반응하여, 그 밀도를 25%까지 변화시킬 수 있다. 그것은 유리만큼 잘 부러지며 알루미늄만큼 펴 늘릴 수 있다. 플루토늄의 조각들은 섭씨 150-200도의 온도에서 자체 발화될 수 있다. 폭발에 의해 짓눌리면, 플루토늄의 밀도가 늘어난다. 그런데 그것은 그것의 핵간 거리를 줄이며, 결국 그 금속이, 하나의 도시를 기화시키기에 충분한, 거대한 양의 에너지를 방출하게 한다.

구조 해설

1. first delivered to Los Alamos : 과거분사의 후치수식구조
2. so reactive that : so + 형,부 that 절
3. it encountered : which it encountered 와 같은 관계사절

074

Every cloud has a silver lining
온실 속에서 살 수 만은 없는 것

Awaken the Giant Within | Anthony Robbins

We all want to avoid painful emotions. As a result, most people try to avoid any situation ❶ **that could lead to the emotions that they fear**—or worse, some people try not to feel any emotions at all! If, for example, they fear rejection, they try to avoid any situation that could lead to rejection. They shy away from relationships. They don't apply for challenging jobs. Dealing with emotions in this way is the ultimate trap, because while avoiding negative situations may protect you in the short term, it keeps you from feeling the very love, intimacy, and connection that you desire most. And ultimately, you can't avoid feeling. A much more powerful approach is to learn to find the hidden, positive meaning in those things ❷ **you once thought were negative emotions.**

패턴과 어휘

- rejection   거부

우리 모두는 고통스런 감정을 피하기를 원한다. 그 결과 대부분의 사람들은 **그들이 두려워하는 감정들을 초래할 수 있는** 어떤 상황도 피하려고 애쓴다. 아니면 더 안 좋게는, 어떤 사람들은 어떤 감정도 느끼지 않기 위해서 노력한다! 예를 들자면, 만일 그들이 거절이 두렵다면, 그들은 거절을 초래하는 어떤 상황도 피하려고 노력한다. 그들은 인간관계를 수줍어서 피한다. 그들은 도전적인 직업들에 지원하지 않는다. 이러한 방식으로 감정을 다루는 것은 궁극적 함정이다. 왜냐하면 부정적인 상황을 피하는 것은 당신을 짧은 기간 보호할지도 모르지만, 그것은 당신이 가장 바라는 바로 그 사랑, 친밀감, 그리고 유대감이 세 가지를 느끼지 못하게 한다. 그리고 궁극적으로, 당신은 느끼는 것을 피할 수 없다. 훨씬 더 강력한 해결법은**, 당신이 한때 부정적 감정이었다고 생각하는 것들에서,** 숨겨진, 긍정적 의미를 찾아내는 법을 배우는 것이다.

구조 해설

① that could lead to the emotions that they fear : 앞의 that 은 그 앞의 명사 situation 을 꾸미며, 두 번째 that 은 fear 의 목적어로 그 앞의 emotions 를 꾸밈

② you once thought were negative emotions : things (that) you once thought were negative emotions 구조에서 주격관계사 that 이 생략됨

075

They seem to unhealthy
한국의 언론 매체들, 건강한가요?

Lies, damned lies, and science | Sherry Seethaler

What issues are promoted and society's receptiveness to different individuals and messages can be arbitrary. Compelling images and powerful narratives get certain issues into the news, while other equally important issues languish. "Man bites dog" is a much more ❶ **attention-grabbing** headline than "dog bites man." Some issues, such as drought leading to starvation in Africa or humans dying from mad cow disease, become trendy for a while and are prominently covered by the media. Then public interest wanes, and reporters move on to other stories, making it seem as though the problem has disappeared, although suffering continues. The media itself is a stakeholder because newspapers and magazines want to increase their circulation; radio and television programs want to improve their ratings; and Web sites want to increase the traffic through them. As a result, the media often fails to present what we should hear, but instead, presents what they think we want to hear.

패턴과 어휘

- arbitrary   독단적인, 제멋대로인
- languish   쇠약해지다, 힘을 잃다
- prominently   두드러지게
- receptiveness
  강한 수용성, 감수성,
  무엇이든지 잘 받아들이는 성질
- stakeholder   이해 관계자
  내기에 걸린 돈을 보관하는 사람
- wane
  작아지다, 약해지다, 기운이나 모양이 없어지다

부각되어지는 어떤 문제들 그리고 서로 다른 개인들과 메시지들에 대한 사회의 수용적 태도는 독단적일 수 있다. 설득적 이미지와 강력한 화법은 어떤 이슈들을 기사화한다. 반면 다른 동일하게 중요한 문제들은 힘을 잃는다. "사람이 개를 문다"는 "개가 사람을 문다"보다 훨씬 더 **주의를 끄는** 머리 기사이다. 아프리카에서 기근을 초래하는 가뭄이나 광우병으로 죽는 사람들과 같은 문제들은 한동안 유행을 타고 매체에 의해 두드러지게 다뤄진다. 그런 다음 대중적 관심은 시들해지고, 기자들은 다른 이야기로 넘어가서, 비록 그 문제가 여전히 계속되지만, 사라진 것처럼 보이게 만든다. 신문이나 잡지가 그들의 발행부수를 늘리고, 라디오와 텔레비전 프로그램이 그들의 시청률(청취율)을 늘리기를 바라고, 웹사이트들이 그것들을 통하여 트래픽을 늘리기를 원하기 때문에, 매체 자체가 이해 당사자이다. 그 결과, 매체는 종종 우리가 들어야 하는 것을 보도하지 못하지만, 그 대신에, 그들이 우리가 듣고 싶어 한다고 생각하는 것을 제공한다.

구조 해설

❶ attention-grabbing : 명사 - ing 형태로 앞의 명사를 뒤에 온 동사가 목적어로 받을 때 위치를 바꾸어 만드는 분사. 원래 구조는 grab + attention

076 A real transformation
상전벽해

Awaken the Giant Within | Anthony Robbins

I'll never forget the day ❶ **it really hit me that I was truly living my dream**. I was flying my jet helicopter from a business meeting in Los Angeles, traveling to Orange County on the way to one of my seminars. As I flew over the city of Glendale, I suddenly recognized a large building, and I stopped the helicopter and hovered above it. As I looked down, I realized this was the building ❷ **that I'd worked in** as a janitor a mere twelve years ago!

In those days, I had ❸ **been concerned whether** my 1960 Volkswagen would hang together for the 30-minute trip to work. My life had been focused on how I was going to survive; I had felt fearful and alone. But that day, as I hovered there in the sky, I thought, "What a difference a decade can make!" I ❹ **did have** dreams back then, but at the time, it seemed they'd never be realized. Today, though, I've come to believe that all my past failure and frustration were actually laying the foundation for the understandings that have created the new level of living I now enjoy. As I continued my flight south along the coastal route, I spotted dolphins playing with the surfers in the waves below. It's a sight that

패턴과 어휘

- back then   과거 그 당시에
- hang together   서로 달라 붙어있다, 일치단결하다, 한 몸으로 행하다
- hover   공중에 떠 있다, 부양해 있다
- janitor   수위, 문지기, 관리인 / 관리인으로 일하다

나는, **정말 나에게 내가 나의 꿈대로 살고 있다고 느끼게 했던**, 그 날을 잊지 못 할 것이다. 나는 로스엔젤레스에서의 사업상 회의 후에 나의 제트 헬기로 날아서, 나의 세미나 장소들 중의 한 곳으로 가는 도중에 Orange County로 가고 있었다. 내가 Glendale이라는 도시 위를 날고 있었을 때, 나는 갑자기 큰 건물을 인식했고 나는 헬리콥터를 세우고 그 위를 맴돌았다. 내가 아래를 보았을 때, 나는 이것이 **내가** 불과 12년 전에 경비로 **일하던** 건물이라는 것을 깨달았다.

그 당시에, 나는 1960산 폭스바겐이 30분 걸리는 나의 직장까지 해체되지 않은 채 갈 수 있을지 걱정했었다. 나의 삶은 내가 어떻게 살아남을 것인가에 초점이 맞춰져 있었다. 나는 두렵고 외로웠다. 그러나 그날, 내가 하늘에서 거기를 맴돌 때, 나는 "십 년이 얼마나 다른 것을 만들어냈는가"라고 생각했다. 그 당시도 나는 **정말** 꿈이 **있었다**. 하지만 그 당시에, 그 꿈들은 결코 실현되지 않을 것 같았다. 그러나, 오늘 나는 나의 모든 과거의 실패와 좌절이 실제로는, 내가 지금 즐기고 있는 새로운 수준의 생활을 만들어 온 것을 이해하기 위한, 기초를 놓고 있었다는 것을 믿게 되었다. 내가 해안선을 따라서 남쪽으로 계속 날아가는 동안에, 나는 돌고래들이 아래 있는 파도에서 서핑하는 사람들과 어울리고 있는 것을 보았다. 그것은 나의 아내인 Becky와 내가 삶의 특별한 선물들 중의 하

구조 해설

1. it really hit me that I was truly living my dream : it hit + 명사 + that 절 구조로, '누구에게 어떤 생각이 갑자기 떠오르다'
2. that I'd worked in : where I'd worked 와 같은 의미의 관계사절
3. been concerned whether : be concerned whether 절 구조로, '여부를 걱정하다'
4. did have : had 의 강조표현

076

A real transformation
상전벽해

Awaken the Giant Within | Anthony Robbins

my wife, Becky, and I treasure as one of life's special gifts. Finally, I reached Irvine.

　Looking below, I was a little disturbed when I saw that the off ramp to my seminar was jammed with bumper-to-bumper traffic for more than a mile. I thought to myself, "Boy, I hope whatever else is going on tonight gets started soon so that the people coming to my seminar arrive on time."

　But as I descended to the helipad, I began to see a new picture: thousands of people ❶ **being held back by security** where I was just about to land. Suddenly I began to grasp the reality. The traffic jam had been caused by people going to my event!

　Although we had expected approximately 2,000 attendees, I was facing a crowd of 7,000—in an auditorium that would hold only 5,000! When I walked into the arena from the landing pad, I was surrounded by hundreds of people who wanted to give me a hug or tell me how my work had positively impacted their lives.

패턴과 어휘

- arena　집회장, 경기장, 무대
- attendee　참가자, 참석자
- descend　내려가다, 하강하다
- helipad　헬기 착륙장
- impact　영향을 주다

나로 소중히 여기는 광경이다. 마침내 나는 Irvine에 도착했다.

 아래를 보면서, 내 세미나 방향으로의 진입로가 1마일 이상을 꼬리를 문 차량들로 교통체증이 있는 것을 보았을 때, 나는 조금 당황했다. 나는 속으로 "맙소사, 나는, 세미나에 오는 사람들이 제시간에 도착하도록, 오늘밤에 벌어지는 다른 무엇이든지 빨리 시작되기를 바란다."고 생각했다.

 그러나 내가 헬기 착륙장으로 하강했을 때, 나는 새로운 그림을 보기 시작했다. 내가 막 착륙하려고 하는 곳에서 **안전요원들에 의해 제지당하는** 수 천 명의 사람들을. 갑자기 나는 현실을 이해하기 시작했다. 그 교통 체증은 나의 행사에 오려는 사람들로 인해 생긴 것이었다!

 비록 우리가 대략 이천 명의 참가자를 예상했지만, 나는 단지 오천 명을 수용할 수 있는 대강당에서, 칠천 명의 사람들과 대면하고 있었다. 내가 그 착륙장에서 집회장으로 걸어 들어갈 때, 나는 나를 안고 싶어 하거나 어떻게 내 작품이 그들의 삶에 긍정적으로 영향을 주었는지 나에게 말해주기를 원하는 수백 명의 사람들에 둘러싸였다.

구조 해설

① being held back by security : 그냥 과거분사를 쓰지 않고 being pp 구조를 쓴 것은 진행수동의 의미를 강조한 표현임

077

Why waste the skillful labor forces?
청년은 미래지만 노인은 지혜이다

The citizenship debates | Gershon Shafir

Another bodily difference that has not been as widely discussed in law and policy literature, but should be, is age. With increasing numbers of old people who are willing and able to work now marginalized in our society, the issue of mandatory retirement has been increasingly discussed. This discussion has been muted because serious consideration of working rights for all people ❶ **able and willing to work** implies major restructuring of the allocation of labor in an economy with already socially volatile levels of unemployment. Forcing people out of their workplaces solely on account of their age is arbitrary and unjust. Yet I think it is also unjust to require old people to work on the same terms as younger people. Old people should have different working rights. When they reach a certain age they should be allowed to retire and receive income benefits. If they wish to continue working, ❷ **they should be allowed more flexible and part-time schedules** than most workers currently have.

패턴과 어휘

- allocation   할당
- arbitrary   독단적인, 임의의
- literature   문헌 / 문학
- mandatory   강제적인
- marginalize   가장자리로 밀려나다, 가장자리로 밀어내다, 여백을 두다
- mute   소리를 내지 않는, 입을 막다, 소리를 내지 못하게 하다
- retirement   은퇴
- volatile   휘발성의, 폭발할 가능성이 큰

법과 정책 문헌에서 널리 토론되지는 않아 왔지만, 다루어져야 하는 또 다른 신체적 차이점은 나이이다. 지금 우리 사회 주변부로 밀려나 있는, 일을 하고자 하며 할 수도 있는 노인들의 증가와 함께, 강제적 퇴직의 문제가 많이 토론되어 왔다. 이 토론은 조용히 진행되었는데 왜냐하면 일할 수 있고 일할 의지가 있는 모든 사람들을 위한 노동권에 대한 심각한 고려는, 이미 사회적으로 폭발할 가능성이 큰 실업률을 가진 경제 속에서, 노동의 할당에 대한 커다란 재구성을 암시하기 때문이다. 단지 그들의 나이 때문에 사람들을 그들의 일터 밖으로 내모는 것은 독단적이며 불공평하다. 그러나 나는 노인들이 더 어린 사람들과 같은 조건으로 일하는 것 또한 불공평하다고 생각한다. 노인들은 다른 노동권을 가져야 한다. 노인들이 일정한 나이에 다다르면 그들은 은퇴해서 수입의 혜택을 받는 것이 허락되어야 한다. 만일 그들이 계속 일하기를 원한다면, 그들은, 대부분의 노동자들이 현재 가지는 것보다는, 더 유동적인 파트타임의 스케줄이 허가되어야 한다.

구조 해설

① able and willing to work : 앞의 명사 people 을 꾸미는 형용사구

② they should be allowed more flexible and part-time schedules : allow 동사가 수여동사로 사용되어 간접목적어를 수동태의 주어로 변화시킨 모습

078

When and how to apply the strategy of avoidance
올바른 회피 전략

Anger Management for Everyone | R.C.Tafrate, Ph.D.,

Some of the anger you experience is likely to occur in response to predictable triggers. For example, you might become angry when your children repeatedly resist doing their homework or their room is messy, when your husband or wife repeatedly asks the same accusatory questions, or when a co-worker calls again and again to ask for favors. If you can arrange to be absent from those situations, you decrease your chance of becoming angry. The anger cycle is delayed, and the problem can be dealt with at a later time. Sometimes, of course, the avoidance will produce a degree of worry or guilt, ❶ **as it did for Steven.** His story is presented in the accompanying box. The anger is, nevertheless, temporarily avoided, and that's the tradeoff. Avoidance strategies don't produce long-lasting results. And, they might even make problems worse if your thoughtful avoidance isn't explained. For example, if you decide not to attend a Labor Day barbeque at your friend Mitchell's house because you know that Gary will be there and you always argue with him, it would be best if you tell Mitchell why you ❷ **aren't coming.** The larger point is that temporary avoidance reduces anger that develops in response to known and predictable anger triggers. Avoidance will also give you more

---

패턴과 어휘

- accusatory   비난하는
- ask for favors 부탁을 요청하다
- dander   비듬 / 산책 / 두서 없는 말
- tradeoff   맞바꾸는 교환

당신이 경험하는 분노의 일부는 예측 가능한 유발요인들에 대한 반응으로 일어나기가 쉽다. 예를 들면, 당신의 아이가 반복적으로 그들의 숙제 하는 것에 저항하거나 그들의 방이 더러울 때, 그리고 당신의 남편이나 아내가 반복적으로 똑같은 힐난조의 질문을 할 때, 혹은 동료가 계속적으로 도와달라고 요청하기 위해서 전화할 때, 당신은 아마도 화가 날 것이다. 만일 당신이 이러한 상황이 없도록 조정할 수 있다면, 당신은 화내는 기회를 줄이게 된다. 분노의 순환(다시 돌아오는 사이클)은 늦춰지며, 그 문제는 나중에 다뤄질 수 있다. 물론, 때로는 그 회피가, Steven의 경우에 그랬던 것처럼, 일정 정도의 걱정이나 죄책감을 만들 수 있다. 그의 이야기는 동봉된 상자(읽어보라고 같이 보내준) 속에 제공되어 있다. 그럼에도 불구하고(걱정이나 죄책감이 생김에도 불구하고), 그 분노는 일시적으로 회피된다. 그리고 그것은 맞교환이다. 회피 전략은 오래 지속되는 결과를 만들어내지 못 한다. 그리고 회피전략은, 만일 당신의 사려 깊은 회피가 설명되지 않는다면, 문제를 악화시킬 수 있다. 예를 들어, 만일 당신이 Gary가 거기에 있을 것이고 당신이 언제나 그와 논쟁하기 때문에, 친구인 Mitchell의 집에서 열리는 노동절 바비큐 파티에 참석하지 않기로 결심한다면, Mitchell에게 왜 당신이 **오지 않을** 것인지를 말하는 것이 최선이 될 것이다. 더 중요한 점은, 알려진 그리고 예측 가능한 분노유발요인들에 대한 반응으로 생겨나는 분노를, 일시적 회피가 줄인다는 것이다. 회피는 또한 더 나은 반응과 대

구조 해설

❶ as it did for Steven : it = avoidance / did = produced 이하

❷ aren't coming : 특정 장소를 기점으로 오는 입장이면 go 동사가 아닌 come 동사를 사용함.

078

When and how to apply the strategy of avoidance
올바른 회피 전략

Anger Management for Everyone | R.C.Tafrate, Ph.D.,

time to develop better responses and coping strategies.

    This approach is similar to what a doctor often recommends for a patient with an allergy. If the patient is allergic to cat dander—but loves cats—the doctors tells him to avoid the allergen as much as possible—no cats in the house. During the period of avoidance, other medical techniques, such as desensitization injections and medications that provide long-term allergy relief, can be started. Similarly, anger avoidance is useful before other, long-term anger management strategies have been learned.

패턴과 어휘

- allergen 알러지 인자
- injection 주사
- desensitization 탈감각화, 감각을 무디게 함

응전략을 개발해 낼 더 많은 시간을 당신에게 줄 것이다.

 이러한 접근법은 의사들이 종종 알러지가 있는 환자들을 위하려 추천하는 것과 유사하다. 만일 환자가 고양이 비듬에 알러지가 있는데 고양이를 사랑한다면, 의사들은 그 알러지 있는 사람이 가능한 한 많이 알러지 인자를 피하라고, 즉 집에 고양이가 없게 하라고 말한다. 회피기간 동안에, 감각제거 주사나 장기적 알러지 구제를 제공하는 약물과 같은 다른 의학적 기법들이 시작될 수 있다. 이와 유사하게, 분노 회피는, 장기적인 다른 분노 관리 전략들이 습득되기 전에, 도움이 된다.

079

It is worth our time
고전음악의 가치를 발견해보자구요

Not Buying It | Judith Levine

Sunday afternoon, Jonathan, a historian, accompanies me to a chamber concert organized by a cellist friend and held at the local Quaker meetinghouse. It's not a perfect space. The acoustics are somewhat dead, and occasionally during fermatas the sound of metal chairs clatters up from the AA meeting below. But the performance—of a rarely played Bach cycle involving tricks like playing the score upside down and backwards—is crisp and witty and far more musical than the pieces' academic game playing would augur. Afterward, the audience lingers in the foyer drinking apple cider out of paper cups and chatting with the musicians. As I send Jonathan off to the subway and unlock my bike, I am left ❶ **feeling as live as the music**.

On our lopsided quest for free fun, Paul and I are exposing ourselves to the very surprises ❷ **that our usually meticulous cultural consumption is supposed to deliver, and often does not**. I don't want to wax romantic; some

---

패턴과 어휘

- AA meeting
  알파벳 문자 A 형태로 접합된 부분
- acoustics   음향효과 / 음향학
- augur   예언자, 점쟁이 / 예언하다
- Bach cycle
  음악가 요한 세바스챤 바흐의 순환곡
- clatter
  두 개의 물체가 부딪혀서 나는 소리,
  쨍그렁 대며 부딪히다
- fermata
  악보에서 음을 늘려서 연주하라는 표시,
  늘임표
- foyer   로비형태의 휴게실
- linger
  오래 머물다, 머뭇거리며 떠나지 않다
- lopsided quest   한쪽으로 치우친 요구
- meticulous   세심한, 꼼꼼한
- wax   밀랍, 왁스를 바르다 / 커지다,
  꽉 차게 자라나다

일요일 오후에 역사가인 Jonathan은 첼리스트인 한 친구에 의하여 기획된 지역 퀘이커 교도들의 집회장소에서 열리는 실내악 연주회에 나를 데리고 간다. 그곳은 완벽한 장소는 아니다. 음향시설은 다소 죽어있고, 늘임표를 연주하는 동안에 그 금속 의자들은 아래의 AA 접합부로부터 덜커덕 소리들을 낸다. 그러나, 악보를 위에서 아래로 혹은 뒤로 연주하는 것과 같은 기술을 포함하는 드물게 연주되는 바흐 순환곡 공연은 산뜻하고 재기발랄하며, 그 곡들의 학문적인 유희연주가 예상되는 수준보다, 더 음악적이다. 그 후에, 그 청중들은 휴게실에서 한가로이 보내며 종이컵에 사과쥬스를 마시고 음악과들과 담소를 나눈다. 내가 Jonathan을 지하철역으로 보내고 자전거를 타려고 잠금을 풀 때, 나는 **그 음악만큼 생기 있는 느낌**을 받는다.

여유있는 재미를 위한 우리의 치우친 요구에 대해, Paul과 나는, **대체로 세심한 문화적 소비가 전달할 것으로 예상되는, 그리고 종종 전달해 주지는 못하는** 바로 그런 경이로움에 우리 스스로를 노출시키고 있다. 나는 낭만적이라고 윤색하

구조 해설

① feeling as live as the music : be left 다음에 분사구문으로 feeling live 가 온 것이며, 형용사 live 에 다시 as… as 원급비교를 걸었음

② that our usually meticulous cultural consumption is supposed to deliver, and often does not. : deliver 의 목적격 관계사가 앞의 that 이며, does not 뒤에는 deliver 가 생략되어 있음

079

It is worth our time
고전음악의 가치를 발견해보자구요

Not Buying It | Judith Levine

of what we see (open mike at a Lower East Side anarchist bookstore) is ❶ god awful. But in dogs per dollar, the money we're expending (zero) is by definition lower than ❷ that at any commercial movie house. And ❸ if the aesthetic satisfaction of these small-space live performances is not always higher than that of electronic entertainment or more formal (and paid) live theater or music, the social satisfaction almost always is. That's because the vitality emanates not just from the players, but from ❹ the bodies moving, moved, intimately, in the audience.

패턴과 어휘

- aesthetic 미를 중시하는, 심미적인
- emanate 발산되다, 발산하다
- open mike 아무나 노래나 연설을 할 수 있도록 설치한 마이크

고 싶지는 않다. 우리가 보는 것의 일부 (예를 들어 Lower East Side에 있는 무정부주의자 서점에서 벌어지는 공개 장기자랑 대회) 는 끔찍하다. 그러나 dogs per dollar(십시일반으로 큰 도움을 줄 수 있는 후원자 지원행사) 라는 측면에서, 우리가 소비하고 있는 돈(한 푼도 쓰지 않음)은 분명히 어떤 상업영화에서 쓰는 돈보다 더 적다. 그리고 만일 이 소규모의 라이브 공연의 심미적 만족감이, 전자오락이나 좀 더 격식을 갖춘 (그래서 유료화 된)라이브 연극이나 음악의 만족감보다, 언제나 더 높지만은 않다 해도, 사회적 만족감은 늘 더 높다. 그것은 공연자들로부터 뿐만 아니라, 청중 속에서 친밀하게 감동을 주고 받는 사람들로부터 또한 그 생명력이 발산되기 때문이다.

구조 해설

1. god awful : 여기서 god 은 부사로서 awful 을 수식함

2. that : = the money

3. if the aesthetic satisfaction of these small-space live performances is not always higher than that of electronic entertainment or more formal (and paid) live theater or music, the social satisfaction almost always is : if 는 양보적 가정의 의미이므로 '만약 -한다 해도'로 해석해야 하며, not always 가 부분부정을 의미하고, 마지막에 is 동사 다음에는 higher 가 생략되었음.

4. the bodies moving, moved, intimately : moving 는 '감동을 주는' 이라는 현재분사이며, moved 는 '감동을 받은' 이라는 수동의 의미를 지닌 과거분사이다. 앞의 the bodies 를 꾸미고 있음

080

Adjust the volume of your music to the mood
분위기 좋은 음악이면 O.K

Specialty shop retailing | Carol L. Schroeder

The volume level is a crucial factor in creating a pleasing audio atmosphere. Music should not distract customers from their shopping or intrude on conversation. Nor should it be so quiet that it can barely be heard. Many shops play a commercial radio station in the background, complete with ads, news, weather, and announcer chitchat.
● **Not only can this be distracting**, but the ads also may include some for your store's competition—not exactly what you want customers to hear when they are shopping.
Noncommercial radio is a good alternative during the times of day when the programming is all music. Be sure to make a contribution to your local public radio station if you use their service. Cable television companies often offer a commercial-free music service, and the much-maligned Muzak may be available in your area. These services provide a variety of music all day long, with few if any repetitions, but, of course, you and your staff have no control over the individual selections.

We use a CD player filled with more than one hundred discs covering a wide range of piano music, light jazz, instrumental classics, and Celtic folk tunes. The system rotates from one

---

패턴과 어휘

- chitchat   잡담, 잡담하다   - much-maligned   많이 비난받는 (부사-pp)

볼륨 수준은 즐거운 청취 분위기를 만드는데 있어서 핵심적인 요소이다. 음악은 고객들이 그들의 쇼핑을 하는 것을 방해하거나 대화에 끼어 들어서는 안 된다. 그것은 너무 조용해서 거의 들리지 않아서도 안 된다. 많은 가게들이 광고와 뉴스, 날씨와, 아나운서의 잡담으로 완비된, 상업적인 라디오 방송국을 배경에 튼다. 이것은 산만하게 할 뿐만 아니라, 그 광고들은 또한 당신의 가게의 경쟁사를 위한 일부 상품들을 포함하고 있을지도 모르는데, 이는 당신이 고객들이 쇼핑하는 동안 듣기를 원하는 것은 절대로 아닐 것이다. 프로그램이 전부 음악인, 낮 시간대 동안 비상업적 라디오 방송이 좋은 대안이 된다. 만일 당신이 지역 대중 라디오 방송국의 서비스를 사용한다면, 그 방송국에 반드시 기여하라. 케이블 tv 회사들은 종종 광고 없는 음악 서비스를 제공하며, 많은 비판을 받는 무자크(시설물에서 녹음하여 들려주는 배경음악)가 당신의 공간에서 사용가능 할 수 있다. 이러한 서비스들은, 반복이 있다 하더라도 거의 없는 채로, 다양한 음악을 하루 종일 제공한다. 그러나, 물론, 당신과 당신의 직원들이 개별적인 음악 선택을 통제할 수는 없다.

우리는, 광범위한 피아노 음악, 가벼운 재즈, 고전음악 기악곡, 그리고 켈트 민속 음악을 포괄하는 백 장도 넘는 디스크들로 채워진 CD플레이어를 사용한다. 그 시스템은 디스크 하나의 전곡 재생 후에 다른 디스크로 무작위로 순환되며

구조 해설

① Not only can this be distracting : not only A but also B 구조에서 A 가 절이면 의문문 어순으로 도치됨.

080 Adjust the volume of your music to the mood
분위기 좋은 음악이면 O.K

Specialty shop retailing | Carol L. Schroeder

full disk to another at random and also offers the option of sampling single tracks from the entire assortment of discs.

Playing music in the store brings up the thorny issue of paying for the rights to use the recordings commercially. Technically a store ❶ **playing the radio, cassettes, or CDs** is required to pay an annual licensing fee to either ASCAP or BMI or both. These fees, which go to the artists whose music you are playing, are based on the number of speakers used in the store. The only legal way to avoid paying for licensing is to play only recordings ❷ **that you sell and to which your supplier has the rights.**

패턴과 어휘

- assortment   분류해서 모아놓은 것
- thorny issue   가시 돋친 쟁점

또한 전체 **분류 모음** 디스크들로부터 노래 하나씩 모아서 샘플링 할 선택권을 제공한다.

  가게에서 음악을 트는 것은 그 녹음된 것들을 상업적으로 이용할 권리에 돈을 지불해야 한다는 **곤란한 문제**를 야기시킨다. 기술적으로 **라디오나, 카세트나, CD를 트는** 가게는 ASCSP나 BMI에게 혹은 둘 다에게 매년 면허료를 지불해야 한다. 이러한 요금은, 당신이 틀고 있는 음악의 음악가들에게 가는데, 그 가게에서 사용되는 스피커의 수에 좌우된다. 사용료를 내는 것을 피할 유일한 합법적인 방식은 **당신이 판매하며 당신의 공급업자가 권리를 가진 녹음들만 트는 것**이다.

구조 해설

❶ playing the radio, cassettes, or CDs : 앞의 store 를 수식하는 현재분사구

❷ that you sell and to which your supplier has the rights : that 과 which 는 각각 sell 과 전치사 to 의 목적격 관계대명사

081

Climbing up at dawn has many advantages
일찍 등산할 필요성

Ice & mixed climbing | Will Gadd

My partners and I celebrate a climb only when we're back at the car. Although the ascent is arduous, the descent is often more serious. On the ascent we're keyed up, focused, and fresh; on the descent we're tired, slower, and more prone to make a series of errors ❶ **that could lead to an accident**. A safe descent starts ❷ **well before** the ascent by leaving enough time to descend in the light; having enough food to stay strong and enough warm clothes to be comfortable; and having solid, well-practiced systems in place before the top of the climb. Most ice climbs are done during the short days of winter, so plan to either finish well before dark or be comfortable moving in the dark. I hate getting out of bed early, but it's generally better to be back in town at two o'clock in the afternoon laughing about how fast you were than to be shivering on a ledge at two o'clock in the morning because you couldn't find the rap anchor in the dark.

패턴과 어휘

- arduous   힘겨운
- ascent   상승, 올라가다
- be prone to VR   ~하는 경향이 있다
- descent   하강, 내려가다
- key up   무엇을 한 키 정도 올리다, 분위기나 기분등을 끌어 올리다
- ledge   산마루
- rap anchor   바위에 고정시키는 등산 밧줄 고리

나의 동반자와 나는, 우리가 차에 돌아온 후에야 등반을 축하한다. 비록 **등반**이 **몹시 고되지만, 하산하는 것**은 종종 더 심각한다. 등반 시에는 우리는 **신이 나며**, 집중되어져 있고, 상쾌하다. 하산 시에 우리들은 피곤하고, 느리며, **사고를 유발할** 일련의 잘못들**을 하기 더 쉽다**. 안전한 하산은, 밝을 때 내려올 충분한 시간을 남겨둠으로써, 체력을 유지하기 위한 충분한 음식과 편해지도록 충분한 따뜻한 옷을 가짐으로써**,** 그리고 정상에 오르기 전에 단단하고, 잘 준비된 도구들을 제자리에 둠으로써, 등반 **전부터 훌륭히** 시작된다. 대부분의 빙벽등반은 겨울의 짧은 낮 동안에 이루어진다. 따라서 어두워지기 전에 잘 끝내거나 어둠 속에서 편안한 정도로만 움직이도록 계획하라. 나는 일찍 잠자리에서 나오는 것이 싫지만, 당신이 얼마나 빨랐는지에 대해 웃으면서 오후 2시에 마을에 돌아가는 것이, 당신이 새벽 두 시에**,** 어둠 속에서 rap anchor(등반용 밧줄을 거는 고정지지대)를 찾을 수 없기 때문에, **바위 턱** 위에서 떨고 있는 것보다, 일반적으로 더 낫다.

구조 해설

① that could lead to an accident : could 를 써서 가정의 느낌을 주었음
② well before : before 를 강조하는 well

082

O.K, I'll stay at your hotel
Waverley Hotel 한 번 가볼 기회 있으려나요?

Business letters for busy people | John A. Carey

The Waverley Hotel contains 674 newly redecorated guest rooms; this includes 12 double room suites. The hotel is located in the heart of Chicago, only 30 minutes from Midway airport. Our three four-star restaurants offer **our guests variety** in menu selection and atmosphere. Our 36,000 square feet of meeting and banquet space include the city's largest ballroom and the largest on-site exhibition hall. I have enclosed a complete schedule of our function space dimensions and capacities. Please stop by and see us if you are in our area — we would like the opportunity to show off our hotel. In the meantime, however, I will call your office next week to answer any questions you may have on the Waverley's facilities and to discuss how we may be of service to the Paramount Institute. Sincerely.

패턴과 어휘

- be of service
   of service = serviceable, 도움이 되다
- suite   호텔의 고급객실
- function space   기능성 공간, 다양한 업무를 위해 마련되는 공간

Waverley Hotel은 새롭게 실내 장식을 한 674개의 객실이 있습니다. 여기에는 12개의 스위트룸이 포함되어 있습니다. 이 호텔은 시카고의 중심부에 위치 되어있고, Midway공항에서 단지 30분 거리입니다. 우리의 3성급 혹은 4성급 식당은 **손님들에게** 메뉴 선택과 분위기에 있어서의 **다양함을** 제공합니다. 우리의 36,000 평방 피트의 회의와 연회 공간은 그 도시의 가장 큰 무도회장과 현장 전시실도 가지고 있습니다. 나는 우리의 기능별 공간 치수와 수용력의 완벽한 스케줄표를 동봉했습니다. 우리 지역에 오시면, 부디 들러서 우리를 만나주세요. 우리는 우리의 호텔을 자랑할 기회를 갖기를 원합니다. 그러나, 그 동안에라도 제가 Waverley의 편의시설에 관해 당신이 가질 수 있는 질문에 대답하기 위하여 그리고 우리가 어떻게 Paramount사에 서비스할 수 있을 것인지를 논의하기 위하여, 당신의 사무실에 다음 주 전화 드리겠습니다.

구조 해설

❶ our guests variety : 앞의 동사 offer 의 간접목적어와 직접목적어

083

I need company all the time
비비고 살 때가 좋은 줄 아세요

Healing the Shame That Binds You | John Bradshaw

There is an ancient proverb that states, "One man is no man." This saying <u>underscores</u> our basic human need for community, which underscores our need for relationships and social life. Not one of us could have made it ❶ **without someone being there for us**. Human beings need help. Not one of us is ❷ **so strong that** he does not need love, intimacy and dialogue in community.

We will need our parents for another decade before we are ready to leave home. We cannot ❸ **get our needs met** without depending on our <u>primary caregivers</u>. Our healthy feeling of shame ❹ **is there to** remind us that we often need help. No human being can make it alone. Even after we have achieved some <u>sense of mastery</u>, even when we are independent, we will still have needs. We will need to love and grow. We will need to care for another, and we will need to be needed. Our shame functions as a healthy signal that we need help, that we need to love and be in caring relationships with others.

패턴과 어휘

- primary caregiver 일차적 보호자
- underscore 밑줄을 그어 강조하다
- sense of mastery
  확실한 지식을 가졌다는 느낌

"한 명의 사람은 없는 것이나 마찬가지다."라고 말하는 오래된 속담이 있다. 이 속담은 공동체를 향한 우리의 기본적인 인간적 필요성을 강조하는데, 다시 말해 인간관계와 사회적 생활을 위한 필요성을 강조하는 것이다. 우리들 중 누구도, **누군가가 우리를 위하려 거기에 있어주지 않았다면,** 성공적으로 무엇인가를 해낼 수 없었을 것이다. 인간들은 도움을 필요로 한다. 사랑이나 친밀함이나 공동체 속에서의 대화를 필요로 하지 않을 **정도로 강한** 사람은 없다.

  우리는 집을 떠날 준비가 되기 전에 또 다른 십 년을 위해 우리의 부모님들을 필요로 할 것이다. 일차적인 보호자들(부모들)에게 의존하지 않은 채로 우리는 **요구사항들을 충족시킬** 수 없다. 우리의 수치스러움에 대한 건강한 감정은, 우리들에게 우리가 종종 도움을 필요로 한다는 것을 상기**시키기 위해 존재하는** 것이다. 어떤 인간도 혼자서 해낼 수는 없다. 우리가 어떤 면에서 장악력을 성취한 후에도, 그래서 독립을 했을 때에도, 우리는 여전히 요구들(타인에 대한 필요성)를 가진다. 우리는 사랑하고 성장할 필요가 있을 것이다. 우리는 다른 사람들을 돌볼 필요가 있을 것이다. 그리고 우리는 필요로 될 필요가 있을 것이다. 우리의 수치심은, 우리가 도움을 필요로 한다는, 그래서 우리가 사랑하고 다른 이들과의 관계에 마음을 쓸 필요가 있다는, 건강한 신호로서의 역할을 한다.

구조 해설

① without someone being there for us : without 의 목적어는 being 이하이며, 그 앞의 someone 이 being 의 의미상 주어

② so strong that : so + 형용사, 부사 + that 절

③ get our needs met : get + 목적어 + pp 구조

④ 주어 + be + there to VR : 'S는 ~하기 위해 존재하다'

084

Don't brag about your emotions
고통스런 감정을 승화시켜 보세요

Awaken the Giant Within | Anthony Robbins

Many people stop fighting their painful emotions and decide to fully indulge in them. Rather than learn the positive message ❶ **their emotion is trying to give them**, they intensify it and make it even worse than it is. It becomes a "badge of courage," and they begin to compete with others, saying, "You think you've got it bad? Let me tell you how bad I've got it!" It literally becomes part of their identity, away of being unique ; they begin to pride themselves on being worse off than anyone else. As you can imagine, this is one of the deadliest traps of all. This approach must be avoided at all costs, because it becomes a self- fulfilling prophecy where the person ends up having an investment in feeling bad on a regular basis — and then they are truly trapped. A much more powerful and healthy approach to dealing with the emotions ❷ **that we think are painful** is to realize that they serve a positive purpose.

패턴과 어휘

- at all costs   모든 것을 희생하면서
- indulge in   ~에 탐닉하다
- intensify   무엇을 강화하다
- literally   글자 그대로
- pride oneself on
  무엇을 자랑스러워하다
- self-fulfilling prophecy
  스스로를 실현하는 예언, 자기실현적 예언

많은 사람들은 그들의 고통스런 감정과 싸우는 것을 멈추고 그것에 완전히 **빠져드는 것**을 선택한다. **감정이 그들에게 주고자 애쓰는** 긍정적인 메시지를 배우기보다는, 그들은 감정을 격렬하게 만들고 그것을 원래 상태보다 더 나쁘게 만든다. 그것은 "용기의 증표"가 되며, "너는 네가 고통스럽다고 여기지? 내가 얼마나 고통스러운지 말해줄게!"라고 말하면서, 그들은 다른 이들과 경쟁하기 시작한다. 그것은 문자 그대로, 유별나게 구는 방식인, 그들의 정체성의 일부가 된다. 그들은 다른 누구보다도 더 불행한 상태에 있는 그들 스스로를 자랑스러워한다. 당신이 상상할 수 있듯이, 이것은 모든 함정들 가운데 가장 치명적이다. 이 접근법은 무슨 수를 써서라도 제지되어야 하는데, 왜냐하면 그것은, 그 사람이 고통스러움을 느끼는 것에 결국 규칙적으로 투자를 하게 되는 자기실현적 예측이 되기 때문이다. 그러면 그들은 정말로 덫에 갇히게 된다. **우리 생각에 고통스러운** 감정을 다루는 훨씬 더 강력하고 건강한 접근은 그것들이 긍정적인 역할을 한다는 것을 깨닫는 것이다.

구조 해설

❶ their emotion is trying to give them : 앞의 message 를 꾸미는 관계사절

❷ that we think are painful : that 은 are 의 주격관계사이지만, 중간에 we think 가 삽입될 경우 주격관계사도 생략할 수 있음.

085

Homeostasis keeps the world running
가끔씩 틀에 박혀 있어도 돼

The Pathfinder | Nicholas Lore

Living things naturally return to a state of balance. When we are disturbed by forces ❶ **acting on us**, our inner machinery kicks in and returns us to a balanced state of equilibrium, just like this seesaw. Homeostasis is the word we use to describe the ability of an organism to maintain internal equilibrium by adjusting its physiological processes. Most of the systems in animal and human physiology are controlled by homeostasis. We don't like to be off balance. We tend to keep things at an even keel. This system operates at all levels. Our blood stays the same temperature. Except for extraordinary exceptions, when people find ways to ❷ **intervene using methods more powerful than our tendency to equilibrium**, our habits, behaviors, thoughts, and our quality of life ❸ **stay pretty much the same too**. We say, "I'm in a rut," or "I'm stuck in the same old groove."

패턴과 어휘

- equilibrium   평형상태
- groove   파여진 홈, 강선, 가늘고 길게 패인 곳 / 관례, 상투적 방식, 버릇 / 최고조
- homeostasis   항상성, 원래 있었던 상태로 돌아가려는 경향
- intervene   개입하다
- keel   비행기나 배의 용골
- kick in   시작하다
- physiological   생리적인
- rut   관습, 바퀴자국 (=groove)

살아있는 것들은 자연스럽게 균형 상태로 돌아간다. 우리가 **우리에게 행사되는** 힘에 의해 방해를 받을 때, 우리의 내부기계가 작동을 시작하며 우리를 마치 이 seesaw처럼 균형 잡힌 평형의 상태로 돌려보낸다. 항상성은, 그것의 생리학적인 과정을 조정함으로써 내적평형을 유지하는 한 유기체의 능력을 표현하기 위하여, 우리가 사용하는 단어이다. 동물과 인간 생리학에 있어서의 대부분의 체계들은 항상성에 의해 통제된다. 우리는 균형에서 벗어나는 것을 좋아하지 않는다. 우리는 사물들을 균형 잡힌 용골(배의 선체를 받치는 기둥)위에 두려는 (즉, 안정된 상태로 두려는) 경향이 있다. 이 체계는 어떤 수위에서든 작동된다. 우리의 피는 같은 온도를 유지한다. 사람들이 **균형을 이루려는 경향보다 더 강력한 방법을 이용하여** 개입하는 방식을 찾아내는, 특이한 경우를 제외한다면, 우리의 습관, 행동, 생각, 그리고 삶의 질은 **거의 같은 방식을 유지한다.** 우리는 "나는 틀에 박혀있어" 아니면 "나는 오래된 같은 틀에 박혀있어"라고 말한다.

구조 해설

1. acting on us : 앞의 forces 를 꾸미는 현재분사구
2. intervene using methods more powerful than our tendency to equilibrium : using 은 분사구문이며, 의미상 앞에 by 를 넣어서 by using 으로 써도 무방함.
3. stay pretty much the same too : the same 을 강조하기 위해 much 를 쓰고 다시 pretty 를 써서 much 를 강조함. 어순을 주의할 것.

086 Quick feedback is what I need
조직 내의 빠른 소통이 필요합니다

Motivate Like a CEO | Suzanne Bates

Bad news travels fast. Good news should travel faster. If you have good things going on in your organization, people should hear about them. The feedback loop can be a very effective tool in motivating and inspiring people if you use it to spread good news. Many organizations make the mistake of forgetting to communicate good news. People hear from the boss only when there is a problem. If you have something to celebrate, get the news out there; people will come to expect that they will hear from you when they've done well. "What I feel strongly about," said one survey participant, "is that whenever I finish a mission, I don't get prompt feedback ❶ **no matter the result**—good or not. I'd prefer to have some . . . advice directly from the leader so that I will be clear how to improve."

나쁜 소식은 빨리 퍼진다. 좋은 소식은 더 빨리 퍼져야 한다. 만일 당신이 좋은 일들이 당신의 조직에서 일어나게 하고 있다면, 사람들은 그것들에 대하여 들어야 한다. 그 피드백 고리는, 만일 당신이 그것을 좋은 소식을 퍼뜨리기 위해 사용한다면, 사람들에게 동기를 부여하고 영감을 주는데 있어서 아주 효과적인 도구가 될 수 있다. 많은 조직들은 좋은 소식을 소통하는 것을 잊는 실수를 범한다. 사람들은 문제가 있을 때만, 조직의 상사에게 말을 듣는다. 만일 당신이 축하할 어떤 것을 가지고 있다면, 그 소식을 거기에 끄집어내야 한다. 사람들은, 일을 잘해낼 때, 당신으로부터 그 말을 들을 것이라고 기대하게 될 것이다. "내가 강하게 느끼는 것은, 하나의 프로젝트나 임무를 마칠 때마다, **그 결과가 좋은 것이든 그렇지 않든 간에** 내가 즉각적인 피드백을 받지 못한다는 것이다. 나는, 내가 향상될 방법을 명확히 하기 위해서, 지도자로부터 얼마간의 충고를 직접 받는 것을 선호한다."라고 한 설문 참가자가 말했다.

구조 해설

❶ no matter the result : no matter what the result may be 의 또다른 형태

087

The first words out of the mouth matter
결국은 센스 있는 사람이 필요한 법

Talking the Winner's Way | Leil Lowndes

A tennis player can tell immediately from just appraising your opening serve ❶ **how good a player you are**. Is it going to be great playing with you, ❷ **or a real bore**? It's the same in communicating. Just from your verbal opening serve, someone knows if it's going to be interesting talking with you about their life or interests—or dull, dull, dull.

For example, suppose I'm introduced to someone and the first words out of her mouth are, "Oh, you're a writer. When are you going to write the great American novel?" Yikes, I know I'm talking with someone who is unfamiliar with my world. We'll chat, but I prefer to change the subject. And soon, ❸ **my Conversation Partner**.

If, however, my new acquaintance says, "Oh you're a writer. Do you write fiction or nonfiction?" Bingo! Now I know I'm with a person who knows about my world. Why? Because that is the first question ❹ **all writers ask each other**. I enjoy talking to this inquisitor because I presume she has more insights into the writing world. Even if we quickly ❺ **get off the subject of writing**, she has come across as a well-informed individual.

패턴과 어휘

- acquaintance 알게된 사람, 지인
- inquisitor 질문자, 묻는 사람
- come across as ~로서 통하다

테니스 선수는 당신의 첫 서브를 평가해봄으로써 즉시 **당신이 얼마나 훌륭한 선수인지를** 말할 수 있다. 당신과 함께 경기하는 것이 좋을까, **아니면 정말 지루한 일이 될까**? 그것은 의사소통에서도 동일하게 적용된다. 당신의 언어적인 첫 서브로부터, 사람들은 그들의 삶이나 흥미에 관해 당신과 이야기하는 것이 재미있을지 아니면, 지루하고 지루하고도 또 지루할 것인지를 안다.

예를 들면, 내가 누군가에게 소개되었고 그녀의 입으로부터 나오는 첫 번째 말이, "아, 당신은 작가군요. 당신은 언제 위대한 미국소설을 쓸 것입니까?"이었다고 가정해보자. 이런, 나는 나의 세계와 친숙하지 않은 사람과 대화하고 있다는 것을 안다. 우리는 떠들겠지만, 나는 주제를 바꾸고 싶어 할 것이다. 그리고 곧, **나의 대화 상대방도 (그러할 것이다)**.

그러나, 만일 나의 새로운 지인이 "오 당신은 작가군요. 당신은 소설을 쓰시나요? 아니면 산문(비소설)을 쓰시나요?"라고 말한다면 빙고! 이제 나는 내가 나의 세계에 대하여 아는 사람과 함께 있다는 것을 알게 된다. 왜 그럴까? 왜냐하면 그것은 **모든 작가들이 서로에게 묻는** 첫 번째 질문이기 때문이다. 나는 이 질문자와 이야기하는 것을 즐긴다. 왜냐하면 나는 그녀가 글 쓰는 세계에 대한 더 많은 통찰력을 지니고 있다고 추정하기 때문이다. 비록 우리가 글쓰**기라는 주제에서 금방 벗어난다** 할지라도, 그녀는 박식한 사람**으로 통하는 것**이다.

구조 해설

1. how good a player you are : 앞의 술어동사 can tell 의 목적어. 어순에 주의. how + 형용사 + a, an + 명사 + 주어 + 술어동사
2. or a real bore : great 와 병렬구조
3. my Conversation Partner : 뒤에 술어동사 prefers to change…. 가 생략되었음
4. all writers ask each other : 수식절로 앞의 명사 question 을 꾸밈
5. get off the subject of writing : '글쓰기라는 주제로부터 떨어져 나가다, 벗어나다'

088

We are not special, please!
적어도 동물들이 세상을 망가뜨리지는 않는데...

The Living Universe | Duane Elgin

When we turn to the world of animals, we find elements of human-like consciousness that indicate we are not unique, as we previously thought. For example, self-recognition is not restricted to humans. Great apes, as well as elephants, dolphins, magpie birds, and pigeons, are able to recognize themselves in a mirror. A capacity for empathy and feeling for another animal has been observed in primates, dolphins, whales, elephants, dogs, hippos, birds, and even some rodents. Elephants will remain by the body of a deceased member of their group for hours in an apparent gesture of respect, and this suggests the capacity for compassion. Tool making has been observed in crows, chimps, and bonobos (a species of great apes). Dolphins have also shown they can use tools; for example, they will sometimes use the spiny body of a dead scorpion fish to get a moray eel out of its hiding place. The ability to understand language has been observed in dolphins, bonobos, and parrots. Overall, there is a continuum of consciousness and an array of animals has demonstrated an active consciousness and a much richer cognitive life ❶ **than previously suspected**. Although we humans have an advanced capacity for reflective consciousness, we are not a ❷ **unique and separate** form of life; instead, we have simply progressed further along a spectrum of reflective consciousness.

우리가 동물의 세계로 눈을 돌리면, 우리는, 우리가 이전에 생각했듯이, 우리 인간이 독특하지 않다는 점을 시사하는 인간 같은 의식의 요소들을 (그들에게서도) 발견한다. 예를 들면, 자의식은 인간에게만 국한된 것이 아니다. 코끼리나 돌고래나 까치, 비둘기뿐 만 아니라 유인원들도 그들 자신을 거울 속에서 인식할 수 있다. 다른 동물들에 대한 공감이나 동정의 능력은 영장류, 돌고래, 고래, 코끼리, 개, 하마, 새 그리고 심지어 일부 설치류에서도 관찰되어왔다. 코끼리는, 명백한 존중의 몸짓으로, 몇 시간동안 그들 무리의 죽은 구성원의 몸 옆에서 남아 있는 경향이 있는데, 이것은 동정에 대한 능력을 암시한다. 도구 만들기는 까마귀와 침팬지와 보노보스(유인원의 일종)에게서 관찰되어 왔다. 돌고래들은 또한 그들이 도구를 사용할 수 있음을 보여주었다. 예를 들면, 그들은 때때로 죽은 쏨뱅이의 가시 돋친 몸을 곰치가 그것이 숨어있는 곳에서 나오도록 이용한다. 언어를 이해할 수 있는 능력이 돌고래와 보노보스와 앵무새에서 발견되어왔다. 전반적으로, 일련의 의식이 존재하며 일련의 동물들은, **이전에 생각했던 것보다**, 활발한 의식과 훨씬 더 풍부한 인지적 생활을 보여준다. 비록 우리 인간들이 성찰적 의식에는 보다 진보된 능력을 가지고 있을지라도, 우리는 **독특하고 특별히 구별된** 생명체가 아니라, 대신에, 성찰적 의식의 한계범주를 따라 단지 더 많이 진보했을 뿐이다.

패턴과 어휘

- an array of   한 종류로 나열된
- cognitive life   인지적 생활
- compassion   동정
- a continuum of
    일련의 것, 하나로 이어진
- empathy   공감
- moray eel   뱀장어의 일종으로 곰치
- primate   영장류
- reflective consciousness
    성찰적 의식
- rodent   쥐와 같은 동물, 설치류
- scorpion fish   물고기 중 쏨뱅이
- spiny body   가시가 있는 몸통
- spectrum   전체를 보여주는 범주표시

구조 해설

❶ than previously suspected : that 뒤에서 it was 가 생략된 것으로 볼 수 있음

❷ unique and separate : 등위접속사 and 의 두 연결 형용사

089

Yes, it surely is one of the ways
어휘는 많이 알 수록 좋은 거예요

Mind Your Language! | Remo Nannetti

Let's return for a moment ❶ **to the point that displaying work can help you to learn**. It should be remembered ❷ **that this is also a highly effective way of learning vocabulary**. For example, if you have been asked to revise house and home vocabulary then why not label all your household objects in the foreign language? That way you will learn and retain vocabulary ❸ **every time you move through the house**. Other vocabulary topics can be done by devising bilingual wall charts (foreign language on one side, English on the other) and posting these in strategic places all around you. (If you are good at art you can replace the English with drawings or sketches.) One student I know had the bright idea of typing up vocabulary lists on her computer and then displaying them as desktop wallpaper. That way, ❹ **every time she sat and looked at her computer desktop** her vocabulary was staring at her in the face! Once she felt she knew it she would then change the wallpaper to a new vocabulary topic. By the end of the year she was achieving full marks in vocabulary tests!

패턴과 어휘

- label   표를 붙여서 분류하다
- learn and retain   배워서 잊지 않다
- wallpaper   벽지

꾸미는 일이 당신이 학습을 하는 것을 돕는다는 점으로 잠시 돌아가 보자. 이것이 **또한 어휘를 학습하는 아주 효율적인 방식이라는 점**이 기억되어야 한다. 예를 들자면, 만일 당신이 주택 그리고 가정과 관련된 어휘들을 개정하도록 요청 받았다면 집과 관련한 모든 대상들을 외국어로 이름표를 붙이면 어떻겠는가? 그런 방식으로 당신은, **집안에서 움직일 때마다,** 단어를 학습하고 암기할 수 있을 것이다. 다른 어휘 주제들은 두 개의 언어로 된 벽 그림(한 쪽에는 외국어, 다른 한 쪽에는 영어)을 만듦으로써 그리고 당신 주변의 전략적인 장소들에 이것들을 게재함으로써 될 수 있다. (만일 당신이 미술에 능하다면 당신은 영어를 그림이나 스케치들로 대체할 수 있다.) 내가 아는 한 학생은 어휘 목록들을 그녀의 컴퓨터에 타이핑을 해 놓고 그것들을 컴퓨터 바탕화면으로 보여주는 영리한 생각을 했다. 그런 식으로, **그녀가 앉아서 컴퓨터 데스크탑을 볼 때마다** 그녀의 어휘는 그녀의 얼굴을 뚫어지게 보고 있었다! 일단 그녀가 그것을 알고 있다고 느끼게 되면 그녀가 새로운 어휘 주제로 화면을 바꿨다. 그 해 말 무렵 그녀는 어휘 시험에서 만점을 받을 수 있었다.

구조 해설

1. to the point that displaying work can help you to learn : point 의 동격절
2. that this is also a highly effective way of learning vocabulary : it 의 진주어절
3. every time you move through the house : '~할 때마다'
4. every time she sat and looked at her computer desktop : '~할 때마다'

090

Experience can be better than advice
또, 말리지 않았다고 성질내면?

Motherhood without guilt | D.G.Rosenberg

Occasionally, there are children who **have trouble understanding** that their clothing choice is inappropriate or even unhealthy. Some children resist the suggestion ❶ **that those sandals may not be the best option for a snowy day**, and for those kids, experience may be the best teacher. When Lydia was eight years old, she **insisted on wearing** her favorite sandals to school despite warnings ❷ **that the sidewalks were covered in snow and slush**. Her mom worried that she would arrive at school with cold, wet feet, but Lydia would not **budge**. Of course, her mother was right, and while Lydia did have some very uncomfortable toes because they became soaked and frozen on her way to and from school, she learned her lesson and never fought about **footwear** again. Her mom knew that although Lydia would be mighty miserable, she would also be safe because she had to walk a very short way. After advising her otherwise, she allowed Lydia to wear those sandals and thereby learn that sometimes fashion isn't ❸ **worth the price** of serious discomfort.

패턴과 어휘

- budge 조금 움직이다
- footwear 발에 신는 모든 것

- have trouble understanding
  : have trouble -ing '~하면서 애를 먹다'
- insist on wearing
  insist on -ing '~해야 한다고 주장하다'

때때로, 그들의 옷 선택이 부적절하거나 심지어 건강에 좋지 못하다는 것을 **이해하는데 어려움을 겪는** 아이들이 있다. 어떤 아이들은 **그런 샌들이 눈길에서 최선이 아니라는** 충고에 반항하는데, 그런 아이들에게는, 경험이 최고의 선생님이 될 것이다. Lydia가 8살 이었을 때**,** 도로가 눈과 진창으로 덮여있다는 경고에도 불구하고**,** 그녀는 그녀가 가장 좋아하는 샌들을 신고 학교에 가겠다고 주장했다. 그녀의 엄마는 그녀가 차갑고 젖은 발로 학교에 도착하게 될까 봐 걱정했지만, Lydia는 양보하지 않았다. 물론, 그녀의 어머니가 옳았고**,** 학교에서 집으로 오는 도중에 신발이 젖고 얼었기 때문에, Lydia는 아주 불편한 발가락을 가지게 되었고, 그러는 동안 그녀는 교훈을 배웠고 다시는 신발에 관해 싸우지 않았다. 그녀의 어머니는 Lydia가 굉장히 비참해질 것을 알았지만**,** 아주 짧은 거리를 걸어야 했기 때문에, 또한 안전할 것이라는 것도 알았다. 그녀에게 다른 방식으로 충고한 후에(즉, 신지 말라고 충고한 후), 그녀는 Lydia가 이러한 샌들을 신도록 허용했고 그럼으로써 결국 때때로 패션이 심각한 불편함**이라는 대가만큼 가치가** 없다는 것을 배우게 했던 것이다.

구조 해설

① that those sandals may not be the best option for a snowy day
② that the sidewalks were covered in snow and slush
③ worth the price

091

The first agricultural insurance
소규모 경작지의 장점

The armchair economist | Steven E. Landsburg

Much primitive agriculture shares a strange common feature. There are very few large plots of land; instead, each farmer owns several small plots **scattered around the village**. (This pattern was endemic in medieval England and exists today in parts of the Third World.) Historians have long debated the reasons for this scattering, which is believed to be the source of much inefficiency. Perhaps it arises from inheritance and marriage: At each generation, the family plot is subdivided among the heirs, so that plots become tiny; marriages then bring widely scattered plots into the same family. This explanation suffers because it seems to assume a form of irrationality: Why don't the villagers periodically exchange plots among themselves to consolidate their holdings?

Inevitably, this problem attracted the attention of the economist and historian Don McCloskey, whose instinct for constructing ingenious economic explanations is unsurpassed. Instead of asking, "What social institutions led to such irrational behavior?" McCloskey asked, "Why is this

패턴과 어휘

- consolidate   무엇을 확실히 굳히다
- endemic   광범위하게 퍼져있는
- heir   상속인 (h 는 묵음)
- holdings   지분, 보유고, 지주회사
- ingenious   독창적인
- inheritance   유산상속
- irrationality   불합리성
- periodically   주기적으로
- plot   이야기의 줄거리, 음모를 짜다, 땅이나 터
- social institutions   사회적 기관이나 제도들
- subdivide   자세히 분할하다
- surpass   무엇을 능가하다

많은 원시적인 농경은 이상한 공통적인 특징을 공유하고 있다. 커다란 터를 가진 경작지가 거의 없다. 대신에 각각의 농부들은 **마을 주변에 흩어진** 여러 개의 작은 경작지를 소유한다. (이러한 형태가 중세 영국에서 광범위하게 있었으며 오늘날도 제 3 세계에서는 부분적으로 존재한다.) 역사가들은 오랫동안 이런 땅의 토지분산현상에 대해 논쟁해왔는데, 그것은 상당한 비효율성의 근원이 되었다고 여겨진다. 아마도 그것은 상속과 결혼에서 기인한 것 같다. 각각의 세대마다, 그 가족 경작지는 그들의 상속자들 가운데 세분화 되었다. 따라서 경작지들은 작아졌다. 그 후에 결혼은 광범위하게 흩어진 경작지들을 같은 가족에게 가져다주었다. 이 설명은, 비합리성의 한 형태를 띠고 있는 것 같기 때문에, 공격받는다. 마을 사람들이 그들의 지분들을 통합하기 위해 주기적으로 경작지들을 교환하지 않겠는가?

불가피하게, 이 문제는 경제학자이자 역사가인 Don McCloskey의 주의를 끌게 되었는데, 독창적인 경제적 설명을 구성하기 위한 그의 직관은 능가할 수 없다. "어떤 사회적 기관들이 이렇게 비합리적인 행위를 하게 했을까?"라고 질문하는 대신에, McCloskey는 "왜 이 행위가 합리적일까?"라고 물었

구조 해설

❶ scattered around the village : 앞의 명사 plots 를 뒤에서 꾸미는 과거분사구

091

The first agricultural insurance
소규모 경작지의 장점

The armchair economist | Steven E. Landsburg

behavior rational?" Careful study led him to conclude that it is rational because it is a form of insurance. A farmer with one large plot is liable to be completely ruined in the event of a localized flood. By scattering his holdings, the farmer gives up some potential income in exchange for a guarantee that he will not be wiped out by a local disaster. This behavior is not even exotic. Every modern insured homeowner does the same thing.

패턴과 어휘

- be liable to VR   ~할 가능성이 크다
- in exchange for   무엇에 대한 교환으로
- exotic   이색적인, 이국적인
- rational   이성적인
- wipe out   무엇을 제거하다, 닦아서 없애다

다. 주의 깊은 연구는 그를 그 경작지가 흩어진 것이 합리적이었다고 결론짓게 하였다. 왜냐하면 그것은 일종의 보험 형태이기 때문이다. 하나의 거대한 경작지를 가진 농부는 국소지역의 홍수 사건에 완전히 망할 수 있다. 그의 경작지들을 흩어 놓음으로써, 그 농부는 그가 지역적 재해로 인해 완전히 파괴당하지 않도록 하는 보장에 대한 맞교환으로 일정한 잠정적 수입을 포기한다. 이 행위는 이색적인 것도 아니다. 모든 현대적인 보험을 가진 집주인들도 똑같이 한다.

092

Let's get humorous everytime we can
재미있는 대화가 절실해요

Let's greatest lessons | Hal Urban

One morning while sitting at my desk laboring over this book and suffering from what appeared to be a terminal case of writer's block, I began to wonder if I had some masochistic tendencies. Writing is one of the most difficult and frustrating things I've ever done, yet I continue to do it. Why was I inflicting this pain on myself? I could be doing other things that were a lot more enjoyable. Like vacuuming or cleaning out the garage. Just then the phone rang. A young woman at the other end asked me, ❶ **"Is Jeannette there**?" I said, "No, Jeannette doesn't live here anymore." "Since when?" she asked. I said, "Didn't you know? Jeannette moved to Bolivia. She went down there to study the mating rituals of the Inca Indians." She then said incredulously, "You've got to be kidding!" I said, "Yeah, I am. I think you dialed the wrong number." The conversation ended when she said, "Man, you're weird!" and hung up. While she acted somewhat perturbed with me, I have the feeling that she got a chuckle out of our conversation. I certainly ❷ **did**. And I'll bet when she finally ❸ **did get a hold of Jeannette** and told her about the weirdo she talked to,

---

패턴과 어휘

- get a chuckle	낄낄대며 웃다	- mating ritual	짝짓기 의식
- incredulously	믿을 수 없다는 듯이	- perturb	혼동시키다
- inflict A on B	B에게 A(고통 등)을 가하다	- weird	이상한
- masochistic	가학적인, 스스로를 학대하는	- weirdo	괴짜

어느 날 아침 내 책상에서 이 책에 공을 들이며 앉아서 작가의 글막힘의 말기 증상으로 보이는 것에 고통 받고 있었을 때, 나는 내가 어떤 마조키즘적(가학적)인 경향이 있는지 궁금하기 시작했다. 글쓰기는 내가 해보았던 가장 힘들고 좌절스러운 일들 가운데 하나이다. 그러나 나는 계속해서 글쓰기를 한다. 왜 내가 내 자신에게 이러한 고통을 가하고 있는가? 나는 훨씬 더 즐거운 다른 것들을 할 수 있을 텐데. 창고를 진공청소기로 청소하거나 차고를 치우는 것과 같은. 바로 그때 전화가 울렸다. (수화기의) 다른 편에 있는 한 젊은 여성이 나에게 "Jeannette가 거기 있나요?"하고 물었다. 나는 "아니요. Jeannette는 더 이상 여기에 살지 않아요"라고 대답했다. 그녀가 "언제부터요?"하고 물었고, 나는 "몰랐어요? Jeannette 는 볼리비아로 이사갔어요. 그녀는 거기에 잉카 인디언들의 결혼 관습을 연구하러 내려갔어요."라고 말했다. 그녀는 믿을 수 없다는 듯이 "날 놀리시는 거지요"라고 말했다. 나는 "네 그래요. 당신이 잘못 전화거신 겁니다"라고 말했다. 그 대화는 그녀가 "참 이상한 사람이군"이라고 말하고 전화를 끊어서 종결이 되었다. 그녀가 나에게 다소 당황된 행동을 했지만, 그녀가 우리의 대화에서 웃음을 얻었을 것이라는 느낌을 가지고 있다. 내가 사실 그랬다(웃었다). 확신컨대 그녀가 마침내 Jeannette과 연락이 닿아 자신과 대화했던 괴짜에 대해 이야기 했을 때, 그들 둘 다 웃었을 것이라 장담

구조 해설

① "Is Jeannette there?" : is there S? ('S 가 있는가'?) 와는 다른 구조이며 '거기 S 가 있는가?' 라고 해석함

② did : 대동사로서 got a chuckle

③ did get a hold of Jeannette : did get 은 강조용법으로 got 을 대신함

092

Let's get humorous everytime we can
재미있는 대화가 절실해요

Let's greatest lessons | Hal Urban

they both had a good laugh. ❶ **I did**, just thinking about their conversation. In fact, I was wondering if she'd call back to tell me that the Incas lived in Peru, not Bolivia. But I don't think she cared. She and Jeannette probably had more important things to talk about. The point of all this is that when we get bogged down with some of the ordeals of life, we need a diversion. One of the best is humor. It took me a long time to understand that it's one of the most important ingredients of a healthy and balanced life. I spent years seriously studying the psychology of personal development and fulfillment ❷ **,only to learn** to not take myself so seriously.

패턴과 어휘

- diversion 방향전환, 기분전환
- get bogged down 수렁에 빠지다
- ordeal 시련

한다. 그들의 대화를 생각하면서 내가 **그랬다(웃었다)**. 사실, 나는**,** 그녀가 나에게 잉카인들은 볼리비아가 아니라 페루에 산다고 말하기 위하여**,** 다시 전화할지 궁금했다. 그러나 나는 그녀가 신경 쓰지 않을 것이라고 생각한다. 그녀와 Jeannette는 아마도 얘기할 더 중요한 것이 있었을 것이다. 이 모든 것의 요점은 우리가 삶의 고된 체험들 중 일부에서 교착상태에 빠지게 되었을 때**,** 기분전환이 필요하다는 것이다. 최고중의 하나는 유머이다. 나는**,** 그것이 건강하고 균형 잡힌 삶의 가장 중요한 요소들 중의 하나라는 것을 이해하는데**,** 오랜 시간이 걸렸다. 나는 몇 년을 심각하게 개인의 발달과 성취의 심리학을 연구하는데 보냈지만, **결국** 내 자신을 그렇게 심각하게 받아들이지 않는 법을 **배웠을 뿐이다**.

구조 해설

❶ I did : 대동사로서 had a good laugh
❷ , only to learn : 콤마 다음의 only to VR 는 보통 결과적으로 해석함

093

Are dairy products really harmful?
우유가 안 좋은 식품일지도…

Skinny Bitch | Rory Freedman

Harvey and Marilyn Diamond, authors of best-selling follow-up Fit For Life II, clearly state, "DAIRY PRODUCTS ARE ❶ DISEASE-PRODUCING. They're harmful. They cause suffering. They're the perfect thing to eat if you want to be sick and have a diseased body. The dietitians and nutritionists who are mouthpieces and cheerleaders for the dairy industry, telling you that dairy products are a good food, should hide their heads in shame—not only for leading ❷ **the innocent** to believe that dairy products are actually valuable, but also for failing to keep abreast of the field about which they are supposed to know something."

Yes, we are saying ❸ **it is common knowledge in the medical research field that dairy is bad for you**. Yes, we are saying that executives in the dairy industry are well aware of this fact but make ❹ **claims that milk "does a body good**." How do they get away with this? Easily. They spend hundreds of millions of dollars every year to market their products. And average consumers don't spend their time perusing medical journals, but they do read magazines and watch television.

패턴과 어휘

- dairy product   유제품
- dietitian   영양사
- get away with   ~으로 모면하다
- keep abreast of   ~와 보조를 맞추다
- mouthpiece   입 안에 장치하는 기구, 대변인
- nutritionist   영양학자
- peruse   자세히 읽어보다

Harvey Diamond와 Marilyn Diamond는 Fit For Life II 베스트셀러 후속편의 저자들인데 분명하게 "유제품은 **질병을 일으킨다**. 그것들은 해롭다. 그것들은 고통을 일으킨다. 그것들은, 만일 당신이 아프고 싶고 질병에 걸린 몸을 가지고 싶다면, 먹을 만한 완벽한 것이다. 당신에게 낙농제품들이 좋은 음식이라고 말하면서, 낙농산업의 마우스피스(대변인)이자 치어리더의 역할을 하는 영양사와 영양학자들은, 단지 **순진한 사람들이** 낙농제품이 정말로 가치 있다고 믿게 했기 때문만이 아니라, 그들이 무엇인가를 알아야 하는 분야에서 따라가지 못하고 있기 때문에, 수치심 속에 머리를 파묻어야 한다." 라고 말한다.

    그렇다. 우리들은, 의학연구 분야에서 유제품이 당신에게 나쁘다는 것은 일반적인 지식이라고 말하고 있다. 그렇다. 우리는 낙농업에 있는 경영인들이 이 사실을 잘 알고 있지만 **우유가** "**몸에 좋다**" 는 주장을 한다고 말한다. 어떻게 그들이 이것을 교묘히 헤쳐 나가고 있는가? 그것은 쉽다. 그들은 매해 수 억 달러를 그들의 상품을 광고하는데 사용한다. 그리고 일반적인 소비자들은 그들의 시간을 의학 서적을 읽는데 쓰는 것이 아니라, 잡지를 보거나 텔레비전을 보는데 사용한다.

구조 해설

① DISEASE-PRODUCING : 명사 ~ing 형태. ~ing 동사의 의미상 목적어가 앞의 명사

② the innocent : the + 형용사 → '형용사의 성격을 가진 사람들'

③ it is common knowledge in the medical research field that dairy is bad for you : it 은 형식주어, that 절 이하가 내용주어

④ claims that milk "does a body good : 뒤의 that 절은 앞의 claims 에 대한 동격명사절, do 는 수여동사(수여동사-dative verb)이며 뒤에 각각 a body 와 good 을 간접목적어와 직접목적어로 받았음.

094

The pure interests in the past
그냥 옛날이 궁금할 뿐 입니다

Studying human origins | Raymond Corbey

There are many scientists, including some archaeologists and palaeoanthropologist, who would dismiss the history of their disciplines as irrelevant to their work. As a historian, I ❶ **do not necessarily have to challenge** that dismissive attitude; I am interested in the past for its own sake, because I want to know how it differs from the present. I look at the evolutionism of the late 19th century because I want to know how it fitted into the social, cultural, and scientific life of the time. If things were done differently then, I want to know why. At the same time, however, I would not want to deny that some of the fascination arises from a ❷ **conviction that the past influences the present.** ❸ **The way we do things** is shaped in part by the social, cultural, and scientific life of the past.

패턴과 어휘

- archaeologist   고고학자
- dismiss A as B   A를 B라고 치부하다
- evolutionism   진화론
- for its own sake   그 자체를 위해
- in part   부분적으로
- palaeoanthropologist   고대인류학자

자신들의 학문의 역사를 자신들의 작업에 부적절한 것으로 무시하는 일부 고고학자들과 인류학자들을 포함해서, 많은 과학자들이 있다. 역사가로서, 나는 그런 묵살하는 태도에 반드시 도전할 필요는 없다. 나는 그 자체로 과거에 관심이 있다. 왜냐하면 나는 어떻게 그것이 현재와 다른지를 알기 원하기 때문이다. 나는 19세기 말의 진화론을 본다. 왜냐하면 나는 어떻게 그것이 그 시대의 사회적이고 문화적이고 과학적인 삶에 들어맞는지를 알기를 원한다. 만일 상황이 그 당시에 다르게 되었더라면, 나는 그 이유를 알기를 원한다. 그러나, 그 동시에 나는, 그 매력의 일부는 과거가 현재에 영향을 미치고 있다는 확신에서 나왔다는 것을, 부정하려 하지 않을 것이다. 우리가 어떤 것들을 하는 방식은 부분적으로 과거의 사회적, 문화적, 그리고 과학적인 삶에 의해 형성되었다.

구조 해설

❶ do not necessarily have to challenge : 부분부정으로 해석함

❷ conviction that the past influences the present : conviction 의 동격절

❸ The way we do things : we do things 가 관계사절로 앞의 the way 를 수식함

095

Where has your self assertion gone?
이제는 불평, 불만조차 귀찮은 일인가요?

Steps to Writing Well with Additional Readings | J. Wyrick

I think the observable reluctance of the majority of Americans to assert themselves in minor matters is related to our increased sense of helplessness in an age of technology and centralized political and economic power. For generations, Americans who were too hot, or too cold, got up and did something about it. Now we call the plumber, or the electrician, or the furnace man. The habit of looking after our own needs obviously had something to do with the assertiveness that characterized the American family ❶ familiar to readers of American literature. ❷ With the technification of life goes our direct responsibility for our material environment, and we are conditioned to adopt a position of helplessness not only as regards the broken air conditioner, but as regards the overheated train. It takes an expert to fix the former, but not the latter: yet these distinctions, as we withdraw into helplessness, tend to fade away.

패턴과 어휘

- as regards   ~에 관하여
  (=regarding, concerning)
- assert oneself   스스로를 주장하다
- be conditioned to VR
  ~하도록 길들여지다
- furnace man
  난로나 화로를 다루는 사람
- observable reluctance
  눈에 띄는 꺼리는 경향
- plumber   배관을 고치는 기술자
- technification   기술화
- withdraw   뒤로 물러나다, 후퇴하다

나는, 대부분의 미국인들이 사소한 문제들에 있어서 자기 자신을 주장하는 것을 두드러지게 꺼려하는 현상이, 과학기술과, 집중화된 정치적, 경제적인 힘의 시대 속에서, 우리의 증가된 무기력감과 관련되어 있다고 생각한다. 여러 세대 동안, 너무 뜨겁거나 너무 추웠던 미국인들은 일어서서 그것에 대해 어떤 조치를 취했다. 이제 우리는 배관공이나, 전기공이나, 용광로 기술자를 부른다. 우리 자신의 요구사항들을 돌봤던 습관은 분명하게 미국 문학의 독자들에게 친숙한 미국 가정의 특징이었던 자기주장과 관련이 있었다. 생활의 기술화와 함께 우리의 물질적인 환경에 대한 직접적인 책임이 사라졌고, 우리는 부서진 에어컨에 관해서 뿐만 아니라, 과열된 기차에 관해서도 무기력한 입장을 채택하도록 길들여져 있다. 전자(에어컨을 고치는데)는 전문가가 필요하지만, 후자에는 아니다. 그러나 이 차이들은, 우리가 무력감속으로 끌려갈 때, 사라지는 경향이 있다.

구조 해설

1. familiar to readers of American literature : the assertiveness 를 수식함
2. With the technification of life goes our direct responsibility for our material environment : 주어는 our direct responsibility 이고 술어는 goes with 이하임. with 가 이끄는 부사구가 문두로 오면서 완전자동사 goes 와 주어가 도치됨.

096 The deceased have to pay Charon
사후세계에서도 돈이 필요하다오

Life in ancient Rome | Frank Richard Cowell

When the inevitable hour came and the family circle was broken by death, pious observances of ancient ways ❶**required that the dying should be laid upon the ground** to die in contact with the earth into which they were soon to pass. Their last dying breath was caught by the nearest relative who closed the eyes of ❷**the departed**, and perhaps placed a coin in his or her mouth to pay the fee of Charon, that mythical ferryman who was supposed to take them across the river Styx in the underworld.

All members of the family were expected to stand by, mourning. Professional undertakers prepared the body for burial. If the dead man had held high office, he was dressed in his official robes and crowned with oak or laurel leaves which were sometimes in gold. Ordinary citizens were clad in a toga. The body lay in state in the atrium of the house and was attended by hired mourners. ❸**Outdoors** a cypress warned passers-by that there had been ❹**a death within**.

패턴과 어휘

- atrium   고대 로마 건축물의 안뜰
- be clad   = be clothed 옷 입혀지다
- laurel leaves   월계수 잎사귀들
- official robe   관복
- pious   경건한
- toga   고대 로마 시민들의 겉옷
- undertaker   장의사

피할 수 없는 시간이 왔고 가족 울타리가 죽음으로 깨어졌을 때, 고대 방식들의 경건한 존중은 **죽어가는 사람들이** 곧 지나갈 땅과 접촉해서 죽을 수 있도록 (그들이) **땅에 놓여 져야 한다고 요구했다.** 그들의 임종은 **떠나간 사람들의** 눈을 감겨주고, 사후세계를 흐르는 강인 Styx를 건너게 해줄 것으로 생각되었던 신화 속의 사공인, Charon에게 뱃삯을 지불하도록 망자의 입에 동전을 넣어주었던, 가장 가까운 친척들에 의해 목격되었다.

가족의 모든 구성원들은, 애도하면서, 그 장면을 지켜볼 것으로 기대되었다. 전문적인 장의사들은 매장을 위해 시신을 준비했다. 만일 망자가 높은 관직의 사람이었다면, 그는 관복이 입혀졌고 참나무 혹은 때로는 금으로 된 월계수 잎의 관이 씌워졌다. 평범한 시민들은 toga가 입혀졌다. 시신은 그 집의 중앙 홀에 안치되었고 고용된 애도가들도 참석했다. **집 밖에서는** 한 그루의 사이프러스나무가 **망자가 집안에** 있다고 지나가는 사람들에게 알려주었다.

구조 해설

1. required that the dying should be laid upon the ground : require 동사의 목적어로, that 절이 올 경우 당위성을 부여하기 위해 should 조동사를 사용하거나 생략하고 동사원형을 사용한다.

2. the departed : departed 는 완료의 의미를 가진 분사로서, 정관사 the 와 함께 가산명사를 지칭하며, 여기서는 '떠나간 사람들' 혹은 '이미 사망한 사람들' 을 의미한다.

3. Outdoors : 장소의 부사로 사용될 경우 반드시 복수형으로 사용한다. 여기서는 부사로 사용되었음.

4. a death within : 가산명사로 사용되어서 '시신' 혹은 '사망사건' 이라는 의미이며, 뒤의 within 은 뒤에서 the house 가 생략된 형태로 앞의 a death 를 수식함.

097

Take win-win attitude, not win-lose
같이 이길 수 있습니다

People styles at work—and beyond | Robert Bolton

When we asked people how they want to be treated, 'fairly' was another of the three characteristics that were commonly mentioned. Unfortunately, well-intentioned people don't always agree on what's fair. Two principled people may disagree on what's a fair wage if one is a union member and the other is a company executive. Although there's no way to determine what would be absolutely fair in any situation, two questions can ❶**help you be** reasonably fair in your dealings with others. First, ask yourself : Am I using a win-win approach?

In most situations, it's appropriate for everyone to seek to win. But the usual assumption about winning is that for someone to win, someone else has to lose. A win-win approach requires a shift in thinking. Instead of you or me, the emphasis is on you and me. The person ❷**taking a win-win approach** seeks a mutually beneficial outcome.

패턴과 어휘

- company executive 회사 중역
- mutually beneficial outcome
  상호적으로 이익이 되는 결과
- principled people 원칙주의자들
- well-intentioned people
  좋은 의도를 가진 사람들

우리가 사람들에게 어떻게 대우받기를 바라는지 물을 때, '공평하게'가 일반적으로 언급되는 세 가지 특징들 중 두 번째 것이었다. 불행히도, 좋은 의도를 가진 사람들은 무엇이 공평한지에 대해 언제나 동의하지는 않는다. 만일 한 사람이 노조 구성원이고 다른 사람은 회사 간부라면, 그렇게 두 가지 원칙을 가진 두 사람은 무엇이 공평한 임금인지에 대해 합의하지 못 할지도 모른다. 비록 어떤 상황에서 무엇이 절대적으로 공평한 것인지를 결정하는 방식이 없을지라도, 두 가지 질문은 당신이 다른 사람들을 대우하는데 있어서 합리적으로 공평한 인물이 되게 도와줄 수 있다. 먼저, 자문하라. 내가 Win-win 접근법을 사용하고 있는가?

대부분의 경우에, 모든 이들이 이기는 것을 추구하는 것이 적절하다. 그러나 이기는 것에 대한 일반적인 가정은 누군가가 이기기 위하여, 다른 누군가는 져야 한다는 것이다. Win-win 접근은 사고전환을 필요로 한다. 당신 혹은 나 대신에, 당신 그리고 나에 강조점이 있어야 한다. **Win-win 접근을 하는** 사람은 상호적 이익을 주는 결과를 추구한다.

구조 해설

❶ help you be : help + 목적어 + (to) VR 구조에서 to 가 생략된 형태

❷ taking a win-win approach : 앞의 명사를 뒤에서 꾸미는 현재분사구

098 The poor mass media

운영방식의 편향과 정치적 좌편향이 지배하는 대중매체

The vision of the anointed | Thomas Sowell

Over the years, studies have repeatedly shown people in the mass media to be ❶ **overwhelmingly of the political left** but this kind of media bias may not be as important as a bias ❷ **inherent in the way both broadcast and print media operate**. Radio, television, and motion pictures can readily dramatize an individual situation, in a way in which the larger relationships and the implicit assumptions behind that situation cannot be dramatized. For example, the media cannot identify, ❸ **much less dramatize**, all those individuals who would have come down with some deadly disease ❹ **if it were not for their being vaccinated**. But nothing is easier to dramatize than the rare individual who caught the disease from the vaccine itself and is now devastated by illness, physically or mentally crippled, or dying. When the government creates some new program, nothing is easier than to show whatever benefits ❺ **that program produces**. Indeed, those who run the program will be more than cooperative in bringing those benefits to the attention of the media. But it is virtually impossible to trace the taxes that paid for the program back to their sources and to show the alternative uses of that same money ❻ **that could have been far more beneficial**.

패턴과 어휘

- be devastated 황폐해지다, 유린당하다
- bring A to the attention A를 주목시키다
- come down with 'disease' 어떤 병으로 눕다
- cripple 불구로 만들다
- implicit 암묵적인, 함축된 / 절대적인
- overwhelmingly 압도적으로
- virtually impossible 실질적으로 불가능한

수 년에 걸쳐, 연구들은, 대중 매체에 종사하는 사람들이 **압도적으로** 정치적 좌파라는 것을 반복적으로 보여줘 왔지만 이러한 종류의 편향은 **방송과 인쇄매체 두 개가 운영되는 방식에서 내재된** 편향만큼 중요하지는 않을지도 모른다. 라디오, 텔레비전, 그리고 영화는 쉽게 개별적인 상황을 극화할 수 있는데, 그 극화되는 방식에서 상황 뒤에 숨겨져 있는 더 큰 관계와 **함축적** 가정들은 극화되지 못한다. 예를 들면, 매체는**, 백신을 접종받지 않는다면,** 어떤 치명적인 질병에 걸려 몸져 눕게 될 모든 사람들을**, 극화할 수도** 식별할 수도 **없다**. 그러나 백신 그 자체로부터 질병을 얻어서 **지금은** 질병에 의해 **황폐해져서** 육체적으로 혹은 정신적으로 **불구가 되거나** 죽어가는, 희귀한 개인들의 사례를 극화하는 것보다 더 쉬운 것은 없다. 정부가 어떤 새로운 프로그램을 만들 때, **그 프로그램이 만들어 내는** 여하간의 혜택을 보여주는 것보다 더 쉬운 것은 없다. 정말로, 그 프로그램을 운영하는 사람들은 이러한 혜택들에게 매체의 관심을 집중시키기 위해서 협력적 이상의 일을 할 것이다. 그러나 그 프로그램을 위해 지불된 세금을 그 근원으로 쫓아가서 **훨씬 더 이익이 될 수 있었을법한** 똑같은 돈의 대안적인 사용들을 보여주는 것은 사실상 불가능하다.

구조 해설

1. overwhelmingly of the political left : 앞의 be 동사에 걸려서 보어의 역할을 하는 부분이며 of the political left 가 형용사적으로 사용되었음. '정치적 좌측' 이 앞의 of 와 함께 형용사적으로 사용됨.

2. inherent in the way both broadcast and print media operate : 앞에 있는 명사 bias 를 꾸미고 있는 형용사구이며 way 뒤에서 다시 관계부사 that 이 생략되어 있음.

3. much less dramatize : 앞의 부정어와 연동되어 much less 는 nor 의 의미.

4. if it were not for their being vaccinated : if it were not for A 가정법이며 수동동명사 being vaccinated 의 의미상 주어로 앞의 소유격 their 를 받았음.

5. that program produces : that 앞에는 관계대명사 that 혹은 which 가 생략되어 있고, program 바로 앞의 that 은 지시형용사임.

6. that could have been far more beneficial : could have pp 구조를 써서 가정의 결과를 암시함.

099

Pay attention to what they call them
원주민의 말에 귀를 기울여봐요

Language death | David Crystal

In the botanical domain, it is possible for Western observers to look at two plants and see no obvious difference between them; reference to the local language, however, shows that the plants have been given different names, thus suggesting a difference in species or ecological function.

Nicholas Evans, working on Australian aboriginal languages, reports several instances from zoological and botanical domains. There are cases of animal and plant species which had distinct names in Aboriginal languages long before they came to be recognized as species within Western biological taxonomy. There is a species of python, for example, given a Western name only in the 1960's(Morelia oenpelliensis), ❶ **which had long been recognized** by the name Nawaran in Kunwinjku (also spelled Gunwinggu, spoken in parts of northern Australia). That language also has a range of vocabulary which not only identifies male, female, and juvenile kangaroos, in their different species (Macropus: antilopinus / bernardus / robustus / agilis), but also describes their different manners of hopping.

패턴과 어휘

- aboriginal languages 호주 원주민의 언어들
- biological taxonomy 생물학적 용어
- botanical domain 식물학의 영역
- distinct 뚜렷한 차이가 있는
- juvenile 청소년의, 청춘의, 젊은 나이의
- python 비단뱀, 뱀의 귀신

식물학의 영역에서, 서구의 관찰자들이 두 식물을 보고 그 둘 사이에서 명백한 차이를 발견하지 못하는 것이 가능하다. 그러나, 그 지역 언어에 대한 참고는 그 식물들이 다른 이름을 부여 받았다는 것을 보여주고, 따라서 종에 있어서 다르거나 생태적인 역할이 다르다는 것을 보여준다.

Nicolas Evans는 호주 원주민 언어들에 대해 연구하고 있는데, 동물학적이고 식물학적인 영역에서 나온 여러 가지 사례들을 보고한다. 서구의 식물학적인 분류체계 속에서 종으로 인식되기 오래 전에, 원주민 언어 속에서 뚜렷한 이름을 가지고 있었던 동식물 종들의 사례들이 있다. 예를 들자면, 단지 1960년대에 서구적인 이름(Morelia oenpelliensis)이 주어진 비단뱀의 한 종이 있는데, 그것은 그 이전 오랫동안 Kunwinjku어(호주 북부지역에서 사용되는 언어로 Gunwinggu라고 표기하기도 한다)로 nawaran이라는 이름으로 인식되었다. 그 언어는 또한, 서로 다른 종(Macropus: antilopinus / bernardus / robustus /agilis)에서, 수컷 캥거루, 암컷 캥거루, 그리고 미성년 캥거루를 식별할 뿐 만 아니라, 그들의 뛰는 방식을 다르게 묘사하는 범주의 어휘를 가지고 있다.

구조 해설

❶ which had long been recognized : have long pp = have pp for long 구조는 '오랫동안 ~해 오다' 로 이해함.

100

Learn another language
언어의 갯수만큼 인생은 풍요로와 집니다

Language death | David Crystal

The view that languages ❶ **other than our own** provide us with a means of personal growth, as human beings, is a recurrent theme in literature, at various levels of intellectual profundity. Several proverbial expressions have captured the essential insight. From Slovakia: 'With each newly learned language you acquire a new soul.' From France: 'A man who knows two languages is worth two men.' Emerson takes up this theme:

As many languages as he has, as many friends, as many arts and trades, ❷ **so many times is he a man**.

The message is clearly that there is much to be learned and enjoyed in experiencing other languages. And the corollary is that we miss out on this experience if we do not avail ourselves of the opportunity to encounter at least one other language. Everyone who has travelled has felt this limitation, to at least some extent. Here is Emerson again: 'No man should travel until he has learned the language of the country he visits. Otherwise he voluntarily makes himself a great baby,'—so helpless and so ridiculous. There is a real sense in which a monolingual person, with a monolingual temperament, is disadvantaged, or deprived.

패턴과 어휘

- avail oneself of   무엇을 이용하다
- corollary   논리적 귀결
- intellectual profundity   지적인 심오함
- miss out on   무엇을 놓치다
- a monolingual person
  한 개의 언어를 사용하는 사람
- a monolingual temperament
  한 개의 언어적 기질
- proverbial expressions   속담 표현들
- a recurrent theme   반복되는 주제

우리 자신의 언어를 제외하고 언어들이 우리에게, 인간으로서, 개인적인 성장 수단을 제공한다는 견해는, 다양한 **지적 심오함**의 수준으로, 문학에서 **반복되는 주제**이다. 여러 개의 **속담에 나오는 표현들**은 근본적인 통찰력을 포착한 것이다. 슬로바키아에는 "각기 새롭게 학습되는 언어로 당신은 새로운 영혼을 습득합니다' (라는 속담이 있다). 프랑스에는 '두 언어를 아는 사람은 두 사람의 가치가 있다' (라는 속담이 있다). Emerson은 이 주제를 받아들인다.
　'많은 친구들이나, 많은 기술과 직업들처럼, 많은 언어를 가질수록 **그 사람은 몇 갑절의 사람이 된다.**'
　그 메시지는 명백하게, 다른 언어들을 경험할 때, 학습되고 즐길 만한 많은 것들이 있다는 것이다. 그리고 그 **필연적인 결과**는, 우리가 만일 적어도 하나의 다른 언어와 만날 **기회를 우리 스스로 이용하지** 않는다면, 우리는 이러한 경험**을 놓치는 것이다**. 여행을 해 본 모든 사람은, 적어도 어느 정도까지는, 이러한 제약을 느낀다. Emerson은 여기서 다시 말한다. '아무도 그가 방문하는 나라의 언어를 습득할 때까지는, 여행해서는 안 된다. 그렇지 않으면 그는 자발적으로 그 자신을, 너무 무력하고 너무 우스운, 커다란 아기로 만드는 것이다. **하나의 언어를 사용하는 사람**은, 그 **하나의 언어가 가진 기질만**을 가지고 있어서, (무엇인가를) 박탈당하고 불리한 입장이다' 라는 명제에는 일리가 있다.

· Ralph Waldo Emerson (1803-1882) : 미국 시인, 철학자, 평론가

구조 해설

❶ other than our own : 앞의 languages 를 뒤에서 꾸밈.

❷ so many times is he a man : so + 형용사 + be 동사 + 주어 어순 도치. 정상 어순은 he is so many times a man.

김정호 선생님 약력·저서

· 한국 외국어 대학교 본교 영어과 졸업
· EBS 국가대표 강사 위촉 (2010)
· 현) 바른영어훈련소 대표 강사
· 현) 바른영어훈련어학원 죽전 본원 강사
· 전) 이투스 온라인 강사(2년간 매출 1위)
· 전) 미8군 기자
· 전) 비타에듀 온라인 강사(4년간 매출 1위)
· 전) EBS 대 입시 온라인
· 2014년 서울시 9급 공무원 문법 문제 오류 사항 검수 (서울시 의뢰)
· 올림픽 미 CBS 방송 공식 통역 및 국제 행사 통번역 다수
· KBS VJ 특공대 출연 : 대한민국 0.0008% 영어 강사로 소개 (2010)
· KBS 9시 뉴스, YTN 뉴스 출연 (2014)
· KBS VJ 특공대 : 대한민국 0.0008% 영어 강사로 소개 (2010)
· 중앙, 경향, 위클리피플 등 특집 기사 보도

Tommy's message

영어 공부를 비롯한 외국어 공부, 힘들고 지루하고 보람도 없는 것처럼 느껴지기 마련입니다. 정직하게 말해서, 저도 그랬고, 지금도 어느 정도 그러합니다. 한국어의 위상이 커진다면, 어쩌면, 미래 세대는 외국어 공부에 쏟는 시간과 열정을 다른 곳에 보탤 수도 있겠지요. 그럼에도 불구하고, 우리가 만약 이질적인 것에서 얻을지 모르는 스트레스에 주목하지 않고, 우리의 지식지평을 넓혀가는 긍정적 거시안목에 집중한다면, 즉, 우리의 막걸리와 김치찌개도 맛있지만, 잘 구운 버거나, 이탈리안 화덕 피자의 깊은 맛도 음미할 준비가 되어 있다면 우리의 인생은 좀 더 풍요로워질지도 모릅니다. 저는 위키피디아에서, 어떤 인물이나 사건에 대해 다양한 연구 정보를 올려주는 친절한 그들(?)에게 자주, 감사를 느낍니다. 그들은 자기 언어로 최종 결과물을 마음껏 과시하지만, 실제로는, 우리에게 더 없이 귀중한 지식의 무기를 이미 제조해서 공유해 주는 것입니다. 그것을 정확하게 제대로 사용하기 위해서 조금 더 노력해 보는 것, 나쁘지 않은 시간 사용이라고 생각합니다. 졸편서에 보내주시는 관심에 늘 조바심이 납니다. 감사합니다.

from. 타미 김정호 선생님

수 년간 개정에 개정을 거듭하다!
김정호 선생님과 최강의 바른영어훈련소 연구진이 함께 만든 꼼꼼하고, 깐깐한 최고의 교재!

최우선 영어단어 기본편 - 핵심 동사 운용법

· 가장 빈도 높은 동사 395개에 대한 완전 정복
· 정확한 독해와 예측 독해를 위한 동사 뒷 구조 학습
· 의미 전달이라는 측면에서 영어의 본질인, 동사 운용 방법 수록
· 영어 회화 및 작문에서 바로 적용 가능한 핵심 용법을 소개
· 회화와 작문의 핵심은 동사에 대한 지식!
· 여태까지 이런 어휘 교재는 없었다.

문법의 신

· 토익, 토플, 공무원 고시 고급과정
· 2,680개의 풍부한 예문
· 현존하는 가장 자세한 문법서 중 하나
· 한국어와 영어의 근본적 차이 이해

▶ **YouTube** 영문법 1위!* 600만 조회, 200만 시간 시청!**

YouTube 무료강의 바로가기 QR 코드

*YouTube 검색창 "영문법" 검색 시 1위 노출 (광고제외) 2022.3.1 기준 **YouTube 바른영어훈련소 채널 공식 기록 2022.3.1 기준

본 교양영어 고급지문 강의는 바른영어훈련소에서 수강 가능합니다 [인터넷 강의와 함께 학습시 효율이 높습니다!]

바른영어훈련소 수능 / 토익 / 공무원 / 원서독해 / 영작문 / 영어회화   www.properenglish.co.kr